ミリオン連発のサムネイル &
タイトルの悪魔的テクニック

YouTubeで
バズる企画
100選

Thumbnails & Titles that Constantly Earn Million+Views

11:03 / 17:01

SUBSCRIBE

のポイントを1冊にまとめてみた

11:03 / 17:01

YouTube探求者
ヤコ

100 Key Points and Techniques
for Creating Viral Hits on YouTube

JN212793

SHOEISHA

はじめに

　2020年代に入り、世の中は完全に変わりました。世界規模の感染症である新型コロナウイルスに始まり、突然職を失う人もいればリモートワークによる働き方の移り変わりなど、我々が生活の糧とする稼ぎ方そのものが変わってきたと言えます。

　その中で新しい可能性として最も高いポテンシャルを発揮したのはSNSやYouTubeなどのネットでマネタイズ（収益化）する手段。

　毎日満員電車に揺られて定時に出社し、決められた業務を淡々とこなしていく形態から、PCやスマホさえあればネットの世界であらゆるコンテンツを生み出すことが可能になりました。
　ビジネスパーソンの給料の何倍もの収益に繋がるという環境がネットには存在し、この頃から副業で挑戦し始める人も急増したのです。

　しかし、最近の記事などで==「YouTuberはオワコン」「収益が減ってきている」==といった内容を見たことはありませんか？
　そういう記事を目にしてしまうと==「YouTubeはもう稼げない市場なんだ……」==と何も知らない方がそう思ってしまうのも無理はないでしょう。

　実はこれ、「誰にとって稼げなくなったのか？」という話が重要で、結論を言えば、**有名YouTuberは稼げなくなったかもしれませんが、逆にサラリーマンや学生、主婦を含めた「普通の人」に多くのチャンスが回ってきた**結果、そのような構図になっていると私は考えています。

今、本書を読んでいただいている方の中に、もし昔から日常的にYouTubeを見ていたという方がいらっしゃったらちょっとイメージしてみてください。

昔はYouTubeを開けば有名なYouTuberや実写でおもしろおかしく動画を撮る、いわゆるエンタメYouTuberばかりがあなたのスマホやパソコンのおすすめ画面に出てきたと思います。

では、現在はどうでしょうか？

きっとあなたが普段見ている動画に近い企画をやっている動画や趣味趣向に限りなく沿った動画、実写／非実写に限らず、あなたの興味が強く反映された動画ばかりがおすすめされていると思います。

これはYouTubeのAIが近年目覚ましい進化を遂げ、一人一人のアカウントの視聴履歴に沿って、各個人の興味を細分化して適切にレコメンド（おすすめ）しているからです。

これにより、AIが未熟だった頃は登録者が多い大手のチャンネルや有名YouTuberばかりがおすすめ（表示）されていましたが、現在は登録者の数だけではなく、YouTubeが設定するあらゆる指標から総合的に判断して、**各個人の興味に沿って適切に動画を届けてくれるようになった**のです。

つまり、**大手、古参、新規関係なく、しっかりユーザーの需要さえ満たせば、後発で参入した一般の人にもチャンスが爆発的に回ってくるようになりました。**

その結果、副業でも本業の何倍もの収益を稼ぐことが可能になったのです。

その環境において私は2020年からYouTubeに副業で参入し、約1

年半で登録者10万人を突破して銀の盾を獲得。その次の年には違うチャンネルで同じように登録者10万人を突破。副業でありながら短い期間で2つの銀の盾をYouTubeからもらうことができました。

　直近の2024年の5月には**3枚目の銀の盾も獲得**。今でも毎月YouTubeの広告収益だけで数百万円ものお金がGoogleから振り込まれています。

　この他にも現在、登録者8万人近いチャンネルもパートナーさんと運営しており、4枚目の銀盾の獲得も見えてきました。

　また、**2022年にはYouTubeとX（旧Twitter）においてWEBマーケティングを駆使し、副業で稼いだ売上だけで1億円を突破。翌年の2023年も売上1億を突破するなど2年連続で大台を超えてきました。**

　この数字も社員などを抱えず一人個人事業主、一人社長で達成した数字です。もちろん手伝ってくれているパートナーさんや外注の方あっての数字ですが、YouTube含むSNSの世界には一般的な人件費などの固定費リスクを抱えない状態でこれだけの売上が作れるということです。

では、私に特殊なスキルや優れた技術があったから可能だったのか……と言えば決してそうではありません。本業だったサラリーマンでは、ごく普通の営業職でした。年収も400万円ぐらいで世の中の平均、むしろちょっと下ぐらいだったかもしれません。どこにでもいる普通の会社員です。

　なぜ、その状態でこれだけの結果が出せたのか？
　理由はシンプルです。本気で自分を変えたいと思って誰よりも勉強したからであり、有効な戦略と戦術を駆使したからです。

- 理不尽な異動やパワハラで将来に不安を感じた
- 子どもが生まれて養っていけるか急に心配になった
- 今まで本気で何かにチャレンジしてこなかったと気付いた

　今度こそ自分を変えたい。会社がダメになったりクビになったりしても自分のスキルで食っていける力が欲しい。第一子が生まれた2019年末にそう強く感じて「何年かかっても成功するまで絶対に辞めない」というルールだけを自分に課してYouTubeの世界に飛び込みました。
　そして私の夢だった「自分のやりたい仕事だけができる環境」をつくり、その仕事で稼げるようにもなり、いわゆる「サイドFIRE」を達成することもできました。

　今では自分のYouTubeスクールも立ち上げ、受講生は300人にものぼります。スクールでは副業でありながら月収100万円を稼ぐ方やゼロから始めて登録者10万人を達成する方など様々な結果を出してくれています。

本書では、**私が4年以上血反吐を吐きながら蓄積したYouTubeで勝ち抜くためのテクニックを明日からすぐに使える形で学ぶことができます。**

　実は、書籍という低価格の媒体で私のノウハウを共有するというのは自分で言うのもなんですが、超絶コスパが良いイレギュラーです。

　今回の書籍は出版という未経験分野への挑戦と記念の意味も込めて執筆しています。

　元々この「切り口100選」というテーマの教材を過去に第一弾としてリリースした時は、数万円という価格にもかかわらず1,000部以上売れています。

　レビューも300件近い数字にもかかわらず星5の満点。誰にでもすぐ使えるテクニックで、購入してくださった方からもすぐに「100万再生突破」の報告を多くいただきました。

　本書はそんな「満足度」も「効果」も満点のYouTubeでバズるテクニックを新たに書き下ろした内容になります。

それ以前にも 2020 年にリリースした通称「赤 note」と呼ばれる YouTube の基本戦略における教材は業界トップクラスの販売実績を誇っており、過去から今に至るまで YouTube 攻略のバイブルと言われ続けています。

今現在 YouTube の最前線で活躍されている方の中には、この「赤 note」をキッカケに本気で取り組み結果が出るようになった、という方も多いと思います。

つまり、何が言いたいのかと言うと、YouTube の実績も他の方にノウハウを教える実績もしっかりあるので安心してください、ということです。

この後、第 1 部では前段として YouTube の仕組みや伸ばすための戦略もお伝えしますが、**本書のメインテーマは第 2 部のサムネイル・タイトル・企画における「切り口」のテクニックになります。**

これは誰でも明日から即実践できるものであり、YouTube だけではなくあらゆる SNS やネットビジネスなどでも活用できます。

さらにそれだけではなく、本書の最後に購入いただいた方限定でプレゼントしている特典も用意しておりますので、ぜひそちらもチェックしてみてください。

昨今は税金や物価も上がり、円安も進み、年金がまともに貰えるかも怪しい。ただ普通に働いているだけでは将来の不安は消えない……と思っている方も多いと思います。

今こそ自分の力で数字や収益を生むスキルをしっかりと身に付けて、ぜひYouTubeで実践しながら自らの夢を叶えてください。

●ご紹介した教材

「YouTube初投稿から16日で３万再生！
一年半以内に登録者10万人達成した方法！」
https://note.com/yako_tera/n/n854959a80f76

「誰でも10万再生狙える企画＆切り口100選
【成功事例完全網羅】」
https://brain-market.com/u/yako_tera/a/
bEzN1gjNgoTZsNWa0JXY

はじめに……003

第1部 YouTubeで爆伸びさせる土台を作る

1. 安定して再生数を伸ばし続けるチャンネル設計
「視聴者属性をコントロール」するとは？……016
「どの視聴者に届けるのか？」がブレてはいけない理由……020
再生数を伸ばす「ペルソナ設定」のやり方……023

2.「企画の切り口」を科学する
「切り口」とは何か？……028
「スイス旅行」を様々な切り口から考えてみる……029
実際の「バズった動画」を分析してわかったこと……032

3.「切り口」の効果的な使い方
せっかくバズってもチャンネルが死んでは意味がない……037
母数が大きい「初心者」を常に最初に意識する……039
「伸びる切り口の型」を見つける方法……041

第2部 100万回再生狙える企画＆切り口100選

1. 損失回避の法則（プロスペクト理論）
001〈取り返しのつかないこと〉……048
002〈〇〇が絶対しないこと〉……050

003 〈見落とすな危険〉……052
004 〈サイン〉……054
005 〈最初から知りたかった〉……056
006 〈初心者 VS 上級者〉……058
007 〈忖度なし〉……060
008 〈無能〉……062
009 〈知らないと怖い〉……064
010 〈ローリスクハイリターン〉事例1……066
010 〈ローリスクハイリターン〉事例2……068
011 〈経験上これをやると〉……070
012 〈〇〇年問題〉事例1……072
012 〈〇〇年問題〉事例2……074
013 〈〇〇地獄〉……076

2. ネガティブ訴求とカリギュラ効果

014 〈触れてはいけないタブー〉……080
015 〈クレーム殺到（批判殺到）〉……082
016 〈何かおかしい〉……084
017 〈極論ネガティブ〉……086
018 〈悪魔的〉……088

3. 強調演出

019 〈注目点（赤丸／矢印）〉事例1……092
019 〈注目点（赤丸／矢印）〉事例2……094
020 〈魔改造〉……096
021 〈神回〉……098
022 〈最凶／最狂〉……100
023 〈最弱〉……102

4. トリビアへの欲求

024 〈素朴な疑問〉……106
025 〈難問／超難問〉……108

026 〈知らない方が幸せ〉……110
027 〈○○した結果〉……112
028 〈存在（実在）しない〉……114
029 〈なぜ○○なのか？〉……118
030 〈○○するとどうなるのか？〉……120
031 〈○○の理由〉……122
032 〈誰も使わない〉……124
033 〈クイズ＋選択肢〉……126
034 〈ランキング or ○選〉……128

5. 不幸の喜び（シャーデンフロイデ）

035 〈悲惨な現実〉……132
036 〈ボロボロの〉……134
037 〈解雇・クビ・リストラ〉……136
038 〈○○の末路〉……138
039 〈○○（期待）なのに○○（現実）〉……140

6. アンダードッグ効果

040 〈見下し要素×強い共感〉……144
041 〈女性×ぼっち〉……146
042 〈初心者の成長〉……148
043 〈弱者×過酷な環境（絶体絶命）〉……150

7. 緊急性と秘匿性

044 〈本音暴露〉……156
045 〈○○までに見てください〉……158
046 〈削除覚悟〉……160
047 〈消される前に見てください〉……162
048 〈本当は教えたくない〉……164
049 〈誰も教えてくれない〉……166
050 〈多分みんな知らない〉……168
051 〈正体判明（正体です）〉……170
052 〈もう限界です〉……172

8. 網羅性の強み

053 〈完全攻略〉……176
054 〈完全ガイド or マニュアル〉……178
055 〈完全保存版〉……180
056 〈一気見（総集編）〉※ベネフィット付き……182
057 〈全て見せます〉……184
058 〈ロードマップ × なりたい姿〉……186
059 〈たった1動画でわかる〉……188
059 〈たった1動画でわかる〉番外編……190

9. バンドワゴン効果と権威効果

060 〈プロが愛用する〉……194
061 〈再生回数の強調と帯の活用〉……196
062 〈sold out 帯〉……198
063 〈チャンネル名に再生数〉※要注意……200

10. 比較表現とギャップ演出

064 〈比較表現（絵で見せる）〉……204
065 〈ギャップ表現〉……206
066 〈ビフォーアフター〉……208
067 〈この後〇〇〉……210

11. 数字の魔力

068 〈数値訴求〉……214
069 〈0人説〉……216
070 〈IQ200、IQ300〉……218
071 〈上位1%〉……220
072 〈5万円・10万円〉……222
073 〈奇数法則〉……224
074 〈発見されるまで〇〇年〉……226
075 〈5秒で敗北（撃沈）〉……228
076 〈三大〇〇〉……230

12. 共通認識の活用
　077 〈完全再現〉……234
　078 〈共通認識の掛け算〉……236
　079 〈わかる人にはわかるセリフ〉……238
　080 〈身近な設定〉……240

13. 自己肯定感の喚起
　081 〈ズボラ〉……244
　082 〈あなたの〇〇は？〉……246
　083 〈日本人だけ（特別感）〉……248
　084 〈海外と日本の違い〉……250
　085 〈日本の逆転〉……252

14. 複合カテゴリー
　086 〈至高〉……256
　087 〈絶対にありえない〉……258
　088 〈こうなります〉……260
　089 〈〇〇するだけで〉……264
　090 〈一撃で〉……266
　091 〈実際のセリフを載せる〉……268
　092 〈栄光からの転落〉……270
　093 〈VS 構造→疑問〉……272
　094 〈発狂〉……274
　095 〈昔の常識〉……276
　096 〈大きさ比較〉……278
　097 〈各国の違い〉……280
　098 〈変態（異常な愛）〉……282
　099 〈〇〇の歴史〉……284
　100 〈成功者の〇〇〉……286

おわりに……288

第1部

YouTubeで爆伸びさせる土台を作る

1 安定して再生数を伸ばし続ける チャンネル設計

○「視聴者属性をコントロール」するとは？

　本書のテーマであるサムネイル・タイトル・企画の具体的なテクニックに入る前に、まずは YouTube が伸びる仕組みを知っておきましょう。

　YouTube には過去投稿された数多くの動画が存在しています。当然その中には伸びる動画もあれば伸びない動画もある。その差はなぜ生まれるのでしょうか？
「それがわかれば苦労しないのだが……」といった声が聞こえてきそうですが、そこまで難しく考える必要もないのです。
　細かい話は置いておいて、ものすごくシンプルに伝えると、

> ❶ 視聴者に「見たい」と思わせてクリックさせる
> ❷ クリックした後できるだけ長く動画を見てもらう
> ❸「見て良かった／役に立った」などの視聴者満足を引き出す

　超簡単に言えばこの3つをしっかり押さえておけば動画は自然と伸びます。本書のメインテーマは第2部でご紹介していく❶のテクニックを集約させたものになりますが、それ以前に入り口において失敗していると動画を見てもらうチャンスすら失う結果になりかねないのです。
　そしてもう一つ重要なことは「視聴者属性をコントロールする」という話です。この「属性」というのは「視聴者一人一人がどんな動画に興

味を持っているのか？」という性質を単語にしたものになります。

料理が好きな人もいればプラモデルが好きな人もいる。その両方が好きな人もいるなど、視聴者の興味は本当に様々です。

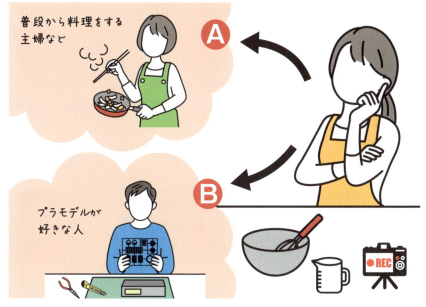

しかし、ある程度の傾向はあります。

興味が無限に湧くという人は少ないですからね。皆さんもジャンルによって好き嫌いはあると思います。

つまり、仮に料理のチャンネルを作った場合には、しっかり「料理に興味のある人」に届ける必要があるということです。

これを意識することを含めて「視聴者属性をコントロールする」と言います。

本書の「はじめに」において、現在は視聴者の興味によってYouTubeのAIが適切に動画をおすすめしている、という話をしました。

この機能は本当に優秀すぎるぐらいで、直近で見た動画に紐づいてガンガン同じような動画がおすすめされてきますし、今や自分が興味のない動画が入ってくる隙などほとんどないぐらいだと思います。

　つまり、**YouTube側はこの視聴者属性（視聴者の興味のカテゴリー）を、アカウントごとに視聴履歴でしっかり認識している**ということです。

　YouTubeが拡散されていく仕組みを簡単にお伝えすると、あなたのチャンネルに対して興味の強い順に徐々に視聴者へおすすめされて拡散していきます。

　おすすめされる視聴者の順番としては、

> ❶ 興味の強いファンやリピーター
> ❷ そこそこ興味のあるライト層
> ❸ 最後に新規を含む新しい視聴者

ざっくりとしたイメージとして、このように考えていいです。もう少しこれを具体的にお伝えすると、

> ❶ チャンネル登録者や直近訪れたユーザーに動画がおすすめされる
> ❷ 上記ユーザーのクリック率や視聴維持率などが高い場合に届ける視聴者の幅をさらに広げてくれる
> ❸ ❷のユーザーの評価も高い場合さらに届ける視聴者の幅が広がる

かなり簡略化してお伝えしてはいますが、イメージとして興味が強い層から薄い層へと順に拡散されていき、どの視聴者層でも高い評価を得ればいわゆる「バズ」というものが生まれます。

では、仮にあなたのチャンネルが料理ネタとプラモデルネタをごっちゃにして、あなた自身が好きなことだけを投稿するチャンネルだったとしましょう。すると、どうなるか？
「料理が好きな人」にもあなたの動画が表示されますし、「プラモデルが好きな人」にも表示される可能性が高くなります。

しかし、料理が好きな人はプラモデルの動画は見ないでしょうし、プラモデルが好きな人は料理の動画はスルーするでしょう。あなたと同じように「両方とも好きな人」というのは母数から考えてそこまで多くないはずです。

つまり、チャンネル単位で考えた時に、「不必要なおすすめ表示を乱発させてしまう」という可能性が高くなるのです。

いくらプラモデルネタで最高のサムネイルや企画を考えたとしても、興味がない人にとってはクリックするに値しないですからね。

　すると、どんなに伸びる企画を練ったとしても、たまたま単発でバズることはあったとしても、興味の異なる視聴者をごっちゃに抱えているチャンネルでは安定して再生数を伸ばし続けることが難しくなってしまうのです。

　これを解決するために考えなければならない戦略が**「コンセプト設計」**と**「ターゲット設定」**です。それらをひっくるめて**「チャンネル設計」**と言います。
　これが第1部のテーマでもある爆伸びさせる「土台」となります。

◎「どの視聴者に届けるのか？」がブレてはいけない理由

　「なんかもう難しそうなんですけど……」と思った方、大丈夫です。ここではチャンネル設計について細かいところまで掘り下げた話はしません。理解しやすいように、シンプルに考える方法としてチャンネルを「お店」として考えてみてください。

　世の中に人気のお店はたくさんありますよね？
　売れているお店は何屋さんか明確であったり、わかりやすいコンセプト、そして顧客にするターゲットが明確だったりします。
　皆さんも普段贔屓にしていたり、よく来店したりするお店をイメージしてみてください。そこにはあなたの興味や需要を確実に満たす何かの要素が備わっているはずです。
　要はこれとおなじことがYouTubeチャンネル内でできているのかと

> 第1部 YouTubeで爆伸びさせる土台を作る

いうことなのです。

　あなたのチャンネルが「誰の需要を満たすものなのか？」、それを「わかりやすいコンセプトで伝えられているのか？」、そして「手にとってくれた人が満足する内容になっているのか？」、これが非常に重要であるということです。

　そして、今から考え方として大事なことをお伝えします。

　仮にあなたのチャンネルがWEB上で100回、集客を促す広告を打てる権利があったとします。

　その100回の中で反応が悪ければ次から広告を打つ権利はどんどん減らされていきます。

　逆に毎回反応が良ければ100回と言わず200回300回とチャンスがどんどん無料で貰えます。

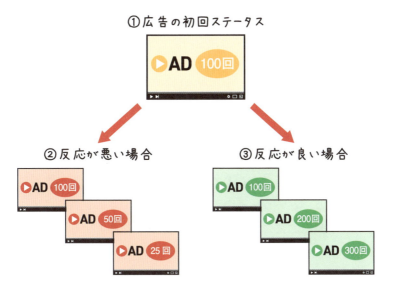

　YouTube上ではこれを何度も何度もチャンネルの中で繰り返すわけです。

そう考えるとターゲット以外の視聴者に有限の広告を無駄に打つわけにはいきません。興味のない人へ届けることによって評価が落ちてしまい、さらにチャンスが減ってしまうわけですから。
　それゆえに「どの視聴者に届けるか？」というターゲット選定が非常に重要になってきます。

　このターゲット選定に関してはあらゆるところで言われている「ペルソナ」を事前にしっかり考えておくことが肝となります。
　普段からビジネス書やマーケティングの勉強をされている方には周知の事実かもしれませんが、ビジネスをする上で繰り返し伝えなければならないほど重要な項目です。
　YouTubeで何かしらの収益を得るという形態も今や一つの立派なビジネスの一つですからね。例外はありません。

　本当は私もさらっと本書のメインテーマであるサムネイル・タイトル・企画のテクニックを余すことなく伝えていきたいところではあるのですが、届けるターゲットがズレていれば、安定して高いクリック率を出し続けるのが難しくなってしまいます。まずはそのための「土台作り」が重要なのです。
　ゆえに**ペルソナをしっかり設定してターゲットを明確にする。そのターゲットを集客し続けることでYouTubeのAIに届けるべき視聴者を認識してもらう**、という一連の流れで適切におすすめされる環境の土台を作ることが長期的に「切り口」の力が活きてくるということに繋がっていくのです。

◎再生数を伸ばす「ペルソナ設定」のやり方

それでは、具体的な方法として、まずはあなたのチャンネルのターゲットを一人、明確に決めてください。

<u>「誰でもいいからみんなに見てほしい！」という考えは一旦捨ててみましょう。</u>

「みんな」という幅広く抽象的な考えでは「誰にも求められない状態」に陥るケースも多いのです。

すでにYouTubeに挑戦されている方はこの機会に、ターゲット像を改めて洗い出してみてください。

- 性別
- 年齢
- 職業
- 収入
- 家族構成
- 居住地
- 趣味
- 休日の過ごし方

などなど、「この人に刺さるようなチャンネルを作る！」という具体的なターゲット像を設定してみてください。

そして、おおよそのターゲット像が見えてきたら、今度はその人がどの世代に属しているか把握しましょう。

「世代」とは、最近よく耳にする言葉として「Z世代」などのワードを聞いたことがあるかもしれません。

出生の年代ごとに考え方を含めた価値観の違いなどをある程度カテゴリー分けしたものと思ってください。

世代の分け方や名称については解釈が複数ありますが、今回は8つの世代に分けて考えてみましょう。

- Z世代（1995年〜2010年生まれ）
- ゆとり世代（1987年〜2004年生まれ）
- ミレニアル世代（1980年〜1990年生まれ）
- 就職氷河期世代（1971年〜1984年生まれ）
- 団塊ジュニア世代（1971年〜1974年生まれ）
- バブル世代（1965年〜1969年生まれ）
- 新人類世代（1960年〜1969年生まれ）
- 団塊の世代（1947年〜1949年生まれ）

引用：nippon.com「団塊、バブル、氷河期、Z：それぞれの世代の特徴は？」
https://www.nippon.com/ja/japan-data/h00535/

　なぜ、この「世代」を一度意識する必要があるかと言うと、時代背景も含めたターゲットの価値観を大枠で把握することが可能だからです。

　例えば「Z世代」はパソコンやスマホなどに子どもの頃から触れてきたデジタルネイティブの世代です。SNSでの交流や情報交換も活発で、お金よりも時間が大切。コスパだけでなく「タイパ（タイムパフォーマンス）」を重視する傾向があるのです。
　一方で「バブル世代」はイケイケだった頃の日本を見てきた世代。
　現在では華やかな世界に懐かしさを感じつつも、長時間労働が当たり前の世界でタイパどころか非効率でも根性や物量でカバーしてきた傾向があるなど。
　このように世代によって考え方や価値観も変わってきたりします。
　その価値観はYouTubeにおいても、納得感や満足感、その他ターゲットの共感を呼ぶためにも、チャンネル運営者がそれを理解することでより魅力的なコンテンツを作れる可能性が高くなります。

第 1 部 ｜ YouTube で爆伸びさせる土台を作る

単純にターゲットを設定するペルソナ像と言っても、**そのターゲットが何に共感し、何を価値と感じるのか？などを理解しようとしている運営者とそうでない運営者とでは、ターゲットに対する刺さり方が全然変わってきたりします。**

そうなれば YouTube においての企画出し、サムネイルの表現、タイトルの見せ方などを含め、あらゆるところで影響が出てくるということです。

まず YouTube を伸ばす考え方として、高いクリック率、高い視聴維持率、高いユーザーアクション（いいね・コメント・チャンネル登録など）をしっかり引き出すことが重要です。

クリック率：ユーザーが視聴を選択した割合

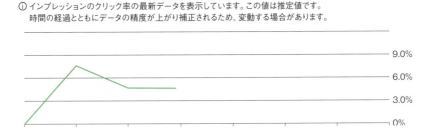

基本的に◯％以上が合格などの明確な基準はありません。常に自身のチャンネルの平均を上回る意識を持って下さい。上記の考え方は「クリック率」と「視聴維持率」共に同じです。

025

視聴維持率

視聴者維持率
アップロード後(全期間)

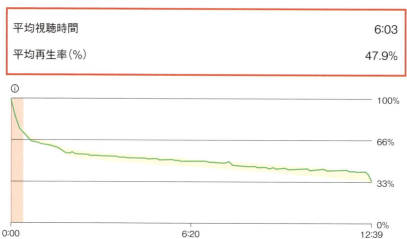

　極端に下がっているポイントなどがあれば「改善点」として割り出します。ユーザーが好ましくないと感じている部分を次回以降に改善して反映させてください。

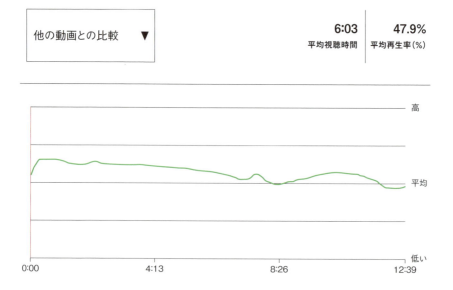

YouTubeアナリティクスでは、中心線を基準に他の動画と比較した視聴維持率も確認できます。**真ん中より上回っている状態であれば、相対的に平均より上を推移していると判断もできます**（アナリティクスデータの表示のされかたは、アップデートにより変わることもありますのでご注意ください）。

しかし、誰に届けるかでその結果は全然変わってくるというお話をしてきました。その届けるべき相手を自分が間違わないこと。

そして、YouTubeのAIにも届ける相手を間違えられないように、まずはしっかりターゲットの理解を進めることで伸びる土台が培われます。その土台を作った上で、人間の感情を刺激して数字を作る。

「ついクリックしてしまう／見ずにはいられない」そのような感情をテクニックとして引き出すことができれば、YouTubeの企画・サムネイル／タイトルにおいては優秀なものを作れていると言えます。

では、人間の感情を刺激するにはどのような技術が必要なのか？

結論、特別なスキルはいりません。ただ、**あなたが言葉の使い方や表現の仕方を知れば良いだけ**なのです。

実際に具体的な事例を見ながらご紹介していきましょう。

2 「企画の切り口」を科学する

○「切り口」とは何か？

「切り口」という言葉は本来「物事の着眼点」の比喩表現で使われることが多いです。どの角度で物事を見るか？ということでもありますね。
　本書で使う「切り口」の定義としては、

- 企画のあり方
- サムネイルやタイトルのワード
- 絵（サムネイル画像）の見せ方

これらをセットで割と広い意味合いで使います。その全てを含めて**「サムネイル・タイトル・企画」の工夫スキルを学べるのが本書の特徴**です。
　サムネイルとタイトルは再生されるための最初の入り口。あなたの動画が再生されるか否かの重要なポイントとなります。その最初の壁を乗り越えなければ再生数は悲惨な結果になることも多いです。
　例えるなら、

- お店の看板を見た時点で入ろうと思わない
- 商品のPOPを見た時点で買おうと思わない
- WEB広告を見た時点でクリックしようと思わない

> 第1部　YouTubeで爆伸びさせる土台を作る

あなたの動画がそんな状態に陥っていると、そもそも再生されようがない、ということです。

逆に言えば、**入り口としての「サムネイル／タイトル」または「企画の切り口」が視聴者にとって面白そうだとさえ思われれば、再生されるチャンスはどんどん貰える**ということにもなります。

では、YouTubeでいう「切り口」とはどのようなものか？　具体的な例を挙げて解説しましょう。

○「スイス旅行」を様々な切り口から考えてみる

例えば「スイスに旅行に行った動画」を作ろうとしたと仮定します。
この場合、どんなサムネイルやタイトルにすれば再生数を確保できる確率が上がるでしょうか？

仮に何も考えずに作ったとするならば……

サムネイル：**スイス旅行5泊6日**
タイトル：世界遺産の街を堪能／ヨーロッパ旅

こんな感じで、自分が過ごしたありのままをサムネイルやタイトルに表記するようなケースもあるでしょう。

優雅なヨーロッパ旅が見られるという意味では素晴らしい動画である可能性もありますが、ユーザーの興味を引くための切り口の工夫として採点するなら、これは……ゼロ点になります。残念ながら……。

029

出演者が非常に面白く、濃いファンがつくようなチャンネルであればこれで成立することもありますが、そもそもどこの誰か知らない一般人の旅行に興味を持つのは、この場合であれば実際にスイスに旅行したいとリアルタイムで思っている少数の人だけでしょう。

しかし、これをより多くのユーザーに興味を持ってもらうように切り口の工夫を施すと次のような企画案を出すことができます。

> サムネイル：**世界一物価の高い国／衝撃の光景**
> タイトル：**物価が高すぎるスイスが言葉を失うレベルだった**

どうでしょうか？　ただの旅行を見るという興味より圧倒的に「気になる」という要素が強くなりましたよね。

> - 日本とどれだけ違うんだろう？
> - 高いと言ってもそれほどか？
> - 「世界一の物価」がどのくらいか知りたい！

などなど、ユーザーの興味や好奇心を企画の切り口、ワードのチョイスで作り出しています。これが「切り口」の力です。

より強い興味を作る。よりシンプルに伝える。など、いろいろな工夫を凝らして面白い動画であると視聴者に伝える努力を行うのです。もし、タイトルはなるべく短い方が伝わりやすいかな？と考えるのであれば、

> 「**言葉を失うレベルで物価が高いスイス**」

1文字でも減らす努力をしてこのようなタイトルでも良いですし、

> 第1部　YouTubeで爆伸びさせる土台を作る

「【海外Vlog】言葉を失うレベルで物価が高いスイス」

　Vlog（ブログ）として見てほしい、Vlogが好きなユーザーを集めたい、そんな時は「海外Vlog」とタイトルに入れるなど、何度もサムネイルやタイトルの文字、見せる絵としての写真や画像を磨いていきます。

この作業を「ブラッシュアップ」と言います。

　一方で切り口としての本来の意味、企画の着眼点を変えてみましょう。

サムネイル：**世界一物価の高い国／1万円でどこまで買える？**
タイトル：**スイスで1万円を使うとどうなるのか？**

　このようなサムネイルとタイトルにするとまた違った訴求にすることが可能です。

- 日本の1万円の価値はどれくらい？
- もしかして全然モノが買えないとか？

　そんな興味がユーザーの中で生じ、同じ「世界一の物価高」という訴求の中でも少し違った興味を作ることもできるのです。
　どちらの表現も「スイス旅行5泊6日の旅」という当初の切り口よりも圧倒的に再生される確率が上がることでしょう。

◉実際の「バズった動画」を分析してわかったこと

では、次に実際にYouTubeの中にある事例から切り口の有効性を見ていきます。

例えば、Excelの使い方の動画で次のようなものがあります。

サムネ：Excelテクニック20選 コレができないと 作業10倍遅い
タイトル：Excel仕事を10倍早く終わらせるテクニック20選

https://www.youtube.com/watch?v=YAdaT-cbjek&t=3s

再生数も2024年の段階で840万回再生を超えているとんでもないバズ動画です。

ちなみに2022年にチェックした時は500万回再生弱でしたので、そこからさらに300万回再生以上も上乗せされたことになります。本当にすごい拡散力です。

YouTubeは全SNSの中でも「資産性」が高いと言われています。

過去に自分が作った動画が良質なものであれば、数年に渡る長期間、ずっとその動画が拡散され続けてくれるということです。

こちらはサムネイルとタイトルの工夫としてお手本のような動画なので紹介させていただきますが、どこがお手本と言えるのか？ それを分解してみましょう。

> まず「サムネイル」から見ていくと、**「テクニック20選」**という表現。

これはすぐに使えるテクニック（技術）が20個も詰まっている**「網羅性」**を訴求しています。網羅性というのは「カバー率が高い」ということです。
「20選」という網羅性、カバー率がこの動画一つで得られるという、リターンの大きさをユーザーに感じさせることが可能となっています。

> 次に**「コレができないと〜遅い」**という表現。

これは相手に**損失回避の法則、別名「プロスペクト理論」**と言われるものを呼び起こしています。プロスペクト理論については第2部で詳しく説明していきますが、「人間は損失を回避する傾向が強い」という行動経済学の考え方です。
「これができないと自分は無駄な時間を過ごしているんじゃないか？」
「仕事で無能と思われるのではないか？」
など、損失を極力回避するためにもこの動画を見ておくべき価値がある、と相手の感情を誘発させる効果があります。

> 最後に**「10倍遅い」**という表現。

「10倍」という数字が具体的にダメージの値を定量化させています。
　ただ単に「作業が非効率である」と伝えるのではなく、実際にテクニックを駆使しないと「10倍も効率が悪いことをやっている」と数字を入れて具体的に伝えてきているわけです。
　これが**「数値訴求」**と言われるもので、活用することで先ほどの損失回避の法則がさらに強く効果を発揮する形となります。
　このように、1枚のサムネイルの中に強力なワードを駆使することで、ユーザーの興味を引くテクニックを「切り口」としてうまく使っていると言うことができます。

　さらに、ここに文字としての「タイトル」が付与されます。タイトルも見ていきましょう。

> **タイトル：Excel仕事を10倍早く終わらせるテクニック20選**

　今度は「仕事を10倍早く終わらせる」というベネフィットに変わっています。ベネフィットとは、物事から得られる利益、恩恵のことを指します。この場合はExcelの作業効率アップの役に立つというベネフィットがあるわけですね。

　皆さんが普段やっている仕事の効率が10倍上がるテクニックがあると言われたらどうでしょうか？　とりあえず話だけでも聞いておこうかな……となりますよね。
　「100倍」と言われると本当なのかな？と若干胡散臭い感じも出てきてしまいますが、感覚的に「10倍」ならギリギリ現実的な上限値とも言

えるでしょう。

つまり、サムネイルで「コレができないと10倍遅い」という損失回避の法則で興味を惹きつけながら、タイトルの「10倍早く仕事が終わる」というベネフィットでダメ押しする。

興味からの具体的なベネフィットという流れでサムネイルとタイトルが「補完関係」にあるのです。「切り口」の導線が非常に綺麗で、まさにお手本と言える内容になっています。

このような形で動画を視聴させるための「入り口」を工夫してしっかり強化し、さらに投稿者さんの努力で内容もユーザーが満足するだけの質が高いものを作れているからこそ、長い期間再生され続ける圧倒的な再生数を叩き出すことができるということです。

少し余談になりますが、ビジネス的な観点から考えてみると、このように多くのユーザーにリーチした上で運営者が自分の商品やサービスを持っている場合は、そこからExcelなどのPCスキルを学びたいという見込み客をこの動画から獲得することもできます。

さらに言えば、企業側の広告ターゲットになりやすいビジネスパーソンを含めた良質なユーザーが動画を再生し、1時間近い長尺の動画ともなれば広告収益の単価も高い傾向があります。

あくまで憶測ですが、最低でも広告単価は1再生につき0.5円〜1.0円超え。つまり、800万回再生以上であれば400万円〜800万円以上の広告（アドセンス）収益も見込めるわけです。

自社サービスへの見込み顧客を獲得しながら数百万円の広告収益がこの動画一本だけで獲得できていると考えると、非常にリターンが大きいですよね。

さらにこの動画から自社商品やサービスの販売の売上が加算されれば、

たった一本の動画で1,000万円以上の売上を叩き出すことも可能となります。

> 渾身の一本が生み出す圧倒的な力。
> これがYouTubeの破壊力です。

　ちなみに本書で紹介する切り口のスキルは何もYouTubeに限った話ではありません。WEBマーケティング全般で活用できるものも多いです。
　なぜYouTubeだけでなく応用可能なスキルとして確立できるのでしょうか？
　それは、〈人間の本能および感情に訴えかけるスキル〉だからです。

> - 「やってはいけない」と釘を刺されるとどうしてもやりたくなる
> - 数量限定や期間限定と言われると焦って通常の判断能力が鈍る

　などなど、人間には脳の仕組みから逆らえない行動というものがいくつか存在します。それをサムネイルやタイトル、企画の表現を工夫することで、つい反応してしまう感情を呼び起こすのです。
　つまり、プラットフォームや活用場面が変わったとしても、受け取る相手が「人間」である以上、いかようにも応用が可能ということですね。

　次は切り口の効果的な使い方を解説しますが、ぜひ本書でご自身のレベルアップを図ってみてください。

3 「切り口」の効果的な使い方

○ せっかくバズってもチャンネルが死んでは意味がない

　サムネイルとタイトルおよび企画の切り口は「ターゲットをどこに置くか？」という部分で変わってきます。

- とにかくバズればいいのか？
- 届けたいユーザーが決まっているのか？
- 強い悩みを持つ見込み客を集めたいのか？

　これによりどのような訴求をするか少し変える必要もあります。
　例えば、とにかくバズればいい、と考えるのであれば、誰にとっても注意を引く強烈な切り口にすると野次馬を巻き込んだ形でバズることもあります。

- デマ含む芸能人や著名人の秘密の暴露
- 炎上ネタを中心に取り扱うようなスタイル
- ケンカや事故を大袈裟に表現して「釣り行為」をする

　などなど、どんな悲惨な結末があるのか気になってしまうという人間の本能的な好奇心が、高いクリック率を叩き出してしまうこともあります。
　しかし、もしこのような表現をコンセプトにする専門的なチャンネルを作った場合には、相手を傷つけたり、訴訟問題にまで発展するなど相

応のリスクを伴います。
　さらに、何かを批判することを目的としたり、火に油を注ぐようなスタイルをコンセプトにすると、それを好むターゲットが自然に集まることにもなります。
　そして、自身のチャンネルで何か落ち度があった時には、その人たちの刃はそのまま自分へと向けられることになるのです。
　ここでは意図しないターゲット（野次馬も含む）を呼び込んでしまうバズ動画をたまたま数本作ってしまったケースを考えてみます。
　この場合は、有象無象の野次馬が自分のチャンネルを訪れてしまうため、しっかりターゲットを設定しているチャンネルであればその後に投稿する普通の動画が死んだように伸びなくなります。

　これはYouTube側がユーザーのアカウントごとの視聴履歴を判断して、直近で接触したユーザーに自分の動画やチャンネルを再度インプレッション（表示）してくれるようになるからです。

　Amazonで一度商品をクリックしたら似たような商品や過去訪れたショップの商品がオススメされるようなイメージですね。

　本章の冒頭でも視聴属性のコントロールやターゲット選定の重要性はお伝えしてきたと思います。
　しかし、完全に野次馬として来ただけのユーザーはあなたのチャンネルのファンになる確率は低く、いわゆる一口だけのつまみ食い状態となりリピーターにならないケースも多い。
　そうすると、**不必要なバズにより負債のような接触ユーザーを多く抱えることになります。**
　このように新しい動画に全く反応してくれないユーザーを多く抱えて

しまった状態のことを、「チャンネルが死ぬ」と表現したりもします。

実際に新規ユーザーが雪崩れ込んだ状態でも「このチャンネル面白い！」と思わせるようなバズを引き起こすことができれば運営者の腕としては素晴らしいものになるのですが、ただ単にバズを引き起こせばいいというものではないということです。

○母数が大きい「初心者」を常に最初に意識する

その上で、**バランス良く再生数の母数を確保したい！と考える時に基本となるものが「初心者層を意識せよ」**ということです。

初心者層の意識について、まずは次の図を見てください。

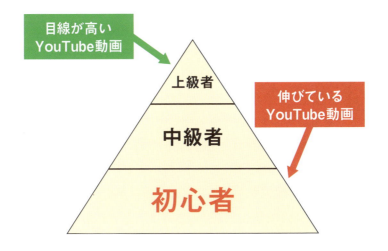

基本的に全てのジャンルにおいて最も多くの母数を持っているのは初心者です。

> 例えば空手を習っている練習生と黒帯を持っている達人。どっちが人数多いですか?と聞かれれば答えは明白ですよね。

何か専門性が高い情報をYouTubeで発信しようとした場合、その運営者は中級者や上級者であることも多いでしょう。

この場合、上級者でも初心者の目線に立って、多くの母数がある初心者にわかりやすく表現できればしっかり伸びたりもします。

しかし、上級者にしかわからないような専門用語や表現で切り口を作ると全く伸びない状態になることも多々あります。

上級者であるがゆえに目線が高すぎて初心者の悩みを解決することや、興味を作るための工夫が全く施されていない状態に陥りがちです。

例えばこんなケース、見たことないですか?

- すごく権威のある人なのに全然伸びていない
- テレビでは有名だったのにYouTubeではからっきし

これは初心者目線を持てない上級者の可能性が高いです。

知名度に甘えて興味を引く工夫を怠っていたり、需要を確認するリサーチを行っていないなど、ユーザーが本来求めているものを提供できなければ、面白いぐらいにYouTubeは伸びないのです。

逆に、その工夫をしっかり行っている素人や一般人の方が普通に勝率が高かったりするケースも多いのです。

これがYouTubeの面白いところでもあり、凡人が下克上できるステージがあるということでもあるのです。

ゆえに、まずは大きな再生数を獲得しようと思った時の基本事項として、**初心者層が興味を持ちそうな切り口を用意しながら、訪れてくれた人に質の高い内容でしっかり満足させる。**その流れを作ることが重要となってきます。

◯「伸びる切り口の型」を見つける方法

ここまでがYouTubeでバズる様々な切り口のテクニックを実践する前に、前提として覚えておいて欲しいことです。

本当は細かいところを伝えていくと、もっと理解してほしい本質はたくさんあるのですが、それをやってるといつまでたっても本書のメインである事例解説に進まないので、本書ではこのくらいにしておきます。

次の第2部からはYouTube上に存在する優秀な切り口を事例として参考にしながら、明日から即実践できるレベルで動画の切り口の紹介と解説をしていきます。

最後に一つ、追加の前提事項として、

- 切り口は複数組み合わせて効果を発揮することが多い
- 興味を作るパワーワードだけ覚えれば良いわけではない
- 人が何に対して感情が揺さぶられるか本質を見極めよ

この3つを今後実践する上で覚えておいてください。

最初は真似から入っても全然問題ないです。丸パクリにならないよう

041

なモラルは持っておいてほしいですが、いくつかキーワードを組み合わせて実践できた後は、ぜひ自分で新しい切り口も見つけてみてください。

　本書で基本を学んだ上で、YouTube 上でしっかりリサーチしたり、繰り返し実験をしたりすれば伸びる切り口の型を見つけられるようになります。そのスキルが最大の価値となり、本書の真の価値もそこにあります。
　人を惹きつける本質さえ理解できれば、あなたの今後の日常全てがリサーチの場となり、そして全てが学びとなります。

　数字は狙って出すから面白い。

　そして、狙った通りの結果が出れば、本当に楽しくてしょうがないです。ぜひ、皆さんにもそれを体験してほしいと思っています。

　では、次の第2部でカテゴリーごとにバズる事例とその本質解説を100通り、ガッツリ見ていきましょう。

第2部

100万回再生狙える企画&切り口100選

切り口紹介 閲覧時の注意点

拡散率
約 **2.8**倍

切り口
012

〈〇〇年問題〉
事例2

【残酷な真実】今すぐに貯金をしないとヤバい理由

Kentaro.【一人暮らしと貯金】
チャンネル登録者数 33.9万人　163本の動画

https://www.youtube.com/watch?v=zB1IjWli1cU

96万回再生

再現性 ★★★　　難易度 ★★★　　応用性 ★★

拡散率：再生数÷チャンネル登録者数

チャンネル登録者の枠を大きく超えて拡散されている動画は、企画やネタ自体に強い需要があると考えられるひとつの指標です。

切り口表現

企画を表現する切り口の紹介。下にあるサムネイルは本書制作当時（2024年7月）に使われていたものになります。

タイトル表記

タイトル表記やサムネイル表示は運営者の都合で最新のYouTube上では別の表現になっている可能性もあります。

登録者数 / 投稿本数 / 再生数

本書制作当時の数値なので時間経過と共に変化します。

引用リンク / QRコード

今後運営者が限定公開や非公開に設定した場合はリンクから動画を確認できない場合もあります。

再現性 / 難易度 / 応用性

あくまで筆者の主観であり、個人差があることをご了承ください。一つの目安としての表現になります。

※紹介しているサムネイル画像は権利の関係上、実際の画面と異なる場合があります。

1

損失回避の法則
(プロスペクト理論)

まず最初は損失回避の法則です。これはプロスペクト理論に分類されるカテゴリーの切り口の紹介です。

　第1部でご紹介したExcelの事例の中でもご覧いただきましたが、人間は手に入れる利益よりも損失を回避したいと思う心理作用の方が強く働く傾向があります。

　プロスペクト理論については考え方の柱が2つあるのですが、ここではその中でも価値関数のお話。

　「人は1万円手に入れるより1万円を損したくないと考える」という傾向を切り口に活用した事例を見ながら解説していきましょう。

拡散率
約 3 倍

切り口
▶ 001

〈取り返しのつかないこと〉

【ゆっくり解説】ヤバい雑学まとめチャンネル

チャンネル登録者数 10.9万人　591 本の動画

https://www.youtube.com/watch?v=8JQ3Kp476d0

49万回再生

再現性 ★★★★　　難易度 ★　　応用性 ★★★★★

「損失回避の法則」をわかりやすく教えてくれる最初の事例。それは**「取り返しのつかないこと」**という切り口です。

この場合は**「※本当に後悔します」**という短く強いメッセージで瞬発的な興味を作った上で、日常に起こる出来事を画像でイメージさせ視聴者に「自分ごと」で考える必要があると理解させています。

「取り返しがつかない」というワードには失敗したらそこで終わり、やり直しが利かないという意味でかなり強めの損失回避感情を誘発させる効果があると考えられます。

では、取り返しがつかないネタであれば何でもいいのか？と言えばそうではなく、今回のケースで言えばリアルな実生活において視聴者（あなた）にリスクが迫っていることを示す警鐘タイプ。

> つまりは、自分ごととして捉えるべき話であり、プロスペクト理論から言っても動画を見て予防や対策するに越したことはない、という感情を生み出すことができるのです。

これから起こる危機を回避できる可能性が視聴者にとっての価値となり、動画をクリックして時間を使うだけのリターンを感じさせることができるから再生数が確保される、というテクニックとなります。

この他にも「取り返しのつかない悲惨な状況」がエンタメとして成立することもあると思います。人の不幸は蜜の味とよく言いますので。

応用性にも優れた切り口なので、本書を読んでいる皆さんも「自分ならどう使うか？」を考えながら読み進めてみてください。

> **ワンポイントアドバイス**
> 視聴者の身近な生活環境などをイメージしながら
> 〈知っておいて損はない〉という印象を作りましょう！

拡散率
約 **3.3** 倍

切り口
▶ **002**

〈○○が絶対しないこと〉

研究者が絶対に選ばないシャンプーとは…
【シャンプーの選び方】

すみしょう
チャンネル登録者数 48.1 万人　389 本の動画

https://www.youtube.com/watch?v=JeXxDbedqBw

162万回再生

再現性 ★★　　難易度 ★★　　応用性 ★★★

これも失敗を回避したいという感情を呼び起こす上で有効な切り口。
「〇〇が絶対しないこと」の〇〇の中はその分野においての専門家であったり実力者だったりすると、素人の目線とは違う価値が動画の情報に含まれていると視聴者に感じてもらうことが可能になります。

例えば「プロが絶対にやらない」と言われれば、素人の自分がやってしまいそうな失敗の落とし穴を事前に回避できる価値が動画の中に存在する。そう感じてもらえれば、そのお題について強い悩みを持っている人にとってはクリックせざるを得ない状況が生まれます。

- 元住宅営業マンが絶対に選ばない仕様14選
  https://www.youtube.com/watch?v=bV-y5z4dojA

- お金持ちが絶対やらない3つのこと
  https://www.youtube.com/watch?v=KFZpcffLFTU

- 医師なら絶対にやらない間違った健康法を5つ解説します
  https://www.youtube.com/watch?v=lhB0qQffzZY

などなど、この切り口を使って伸ばしている動画も多く存在します。このように伸びる切り口には他の分野でも応用できる共通点がしっかりと存在し、切り口が工夫されていない動画よりも高いクリック率を叩き出すことができるということです。

> **ワンポイントアドバイス**
> 専門分野の権威性がない人には再現性は低いですが、専門家の意見を〈紹介〉する形であれば誰でも使用することができると思います！

切り口
● 003

〈見落とすな危険〉

見落とすな危険！栄養不足を知らせる10のサイン
【ゆっくり解説】

ゆっくりは健康になりたい。
チャンネル登録者数 23.3万人　1020本の動画

https://www.youtube.com/watch?v=013CapiKM4M

39万回再生

再現性　★★★★　　難易度　★★　　応用性　★★★

第2部 | 100万回再生狙える企画＆切り口100選

　この切り口はちょっとした**「見落とし」**が後々大きな損失を与える可能性があるという**「警鐘」**で興味を作る手法。

　人が日々生活する上で様々な見落としがあると思います。忘れ物やケアレスミスなど、それ以前にそもそも事前知識がなければそのミスに気づくことすらできない。後々その見落としに気が付いた時には手遅れ。後悔をした……そんな経験をされたことがある方もいるかもしれません。

> その失敗を回避するために、事前知識としてしっかり知っておくべき。そしてそれを見落とさないために動画を見ておく必要がある。この流れを作るための切り口となります。

　今回の紹介ケースでは「栄養不足」とありますが、人間が生きていく上で栄養不足が人体に後々重大なダメージを与えかねないことはほとんどの人がイメージできるはずです。

　その上で、日々の忙しさから食事のバランスまで気にかけることができていない。そんな<u>潜在的な不安や感情を「見落とすな危険！」というワードの切り口で呼び起こします。</u>

　皆さんが今後YouTubeやニュースの記事などを見る時に企画の「視点」をしっかり身に付けることで、<u>「なるほど……このタイトルはこういう切り口で興味を作っているのか」</u>と、学びを得ることができるようになりますので、本書で切り口の本質をしっかり理解しながら「視座」を上げていきましょう。

> **ワンポイントアドバイス**
> 巷に溢れる〈広告〉などにもヒントはいっぱいあります。いろいろなところから吸収できる視点を養いましょう！

053

拡散率
約 **2.9** 倍

切り口
▶ **004**

〈サイン〉

限界が来ている時のサイン 　#うつ状態 /
Signs that you are reaching your limits

精神科医がこころの病気を解説するCh

チャンネル登録者数 60.5万人　2516本の動画

https://www.youtube.com/watch?v=IQapteBFjXo

175万回再生

再現性　★★★★　　難易度　★★　　応用性　★★★

第 2 部　100 万回再生狙える企画 &
切り口 100 選

　先程の「見落とすな危険」という切り口のサムネイルでも一部組み合わせて使われていましたが、こちらも**「警鐘」をイメージさせるワード**でもある**「サイン」**。

　見落としがちな「兆候」を「サイン」として気付くべき。そのような興味を切り口によって演出することができます。特に医療や健康の分野においては失敗を回避するために身体的な「兆候」を事前に知っておくべきであるという**「緊急性」によって、より感情が揺さぶられます。**
「今ここで知っておかないと後々後悔するよ」という流れが作られる形です。そして「サイン」というワードの切り口は身体的なもの以外に精神的な分野でもかなり使われます。

- 【ゆっくり解説】神様からの強制的なゴーサイン 7 選
  https://www.youtube.com/watch?v=T_w1emJW6jg

　このように「サイン」は「スピリチュアル」という精神世界のジャンルの中でも多用されています。普通に過ごしているだけでは気付かない兆候をサインとして事前に知っておこう。そうすれば精神的に豊かになるというベネフィットが演出されます。
　「サイン」というワードを使えば再生数がなんでも伸びるわけではありませんが、切り口の中に潜む本質的な要素をしっかり理解して、自らのコンテンツに少しでも興味を持ってもらうために応用できる考え方を持っておきましょう。

> **ワンポイントアドバイス**
> 緊急性で訴求するテクニックがあることを覚えておきましょう！

055

切り口
▶ 005

〈最初から知りたかった〉

株1年目に知りたかったこと 11:17

株式投資1年目に知っておきたかったこと

株の買い時を考えるチャンネル

チャンネル登録者数 42.4万人　861本の動画

https://www.youtube.com/watch?v=pr8cPsYQLL4

37万回再生

再現性 ★★★★★　　難易度 ★★　　応用性 ★★★★

> 第 2 部　100万回再生狙える企画 &
> 切り口 100 選

「**最初から知りたかった**」は経験者が初心者の頃に「知っておけば良かった……」という情報を知れることを訴求した切り口になります。

【ゲームのタイトル】初心者必見！最初から知りたかった要素○選
【後悔しかない】入社一年目に知っておきたかったこと

などなど、**「初心者救済」の価値**を切り口によって訴求します。

> 「最初から知っていれば失敗しなかったのに……」と、まさに失敗を回避したいという感情の増幅。損失回避の法則（プロスペクト理論）をうまく活用した切り口でもあります。

さらに001でご紹介した〈取り返しのつかないこと〉の切り口を組み合わせることで効果的に使うこともできます。

- 初心者が絶対に最初から知るべき取り返しのつかない要素

このようにワードの**切り口は複数組み合わせることで強い効果を発揮**したり、よりターゲットの悩みに深く刺さる訴求を作ることも可能となります。本書において切り口の表面的なパターンだけを覚えるのではなく、**なぜそのワードや切り口が伸びる要素を含んでいるのかという本質的なものを補足の解説でしっかり理解していきましょう。**

　その理解が深まれば深まるほど、効果的な切り口を組み合わせてご自身で応用できるようになると思います。

　最初は難しく感じるかもしれませんが、実践を重ねるごとに反応の良いものと悪いものが、肌感覚としても実感できるようになります。

拡散率
約 **5.4** 倍

切り口
▶ **006**

〈初心者 VS 上級者〉

ランニング初心者と上級者の
ジョギングの走り方の違い

ランニング整体師ゆう先生
チャンネル登録者数 5.15万人　1389本の動画

https://www.youtube.com/watch?v=nuy_DyYhFIg

28万回再生

再現性 ★★　　難易度 ★★★★★　　応用性 ★★★★

企画・監修・制作・編集　藤村祐二郎

> 第2部 | 100万回再生狙える企画＆切り口100選

　これは今まで紹介してきた切り口の本質部分をしっかり取り入れた上で、さらに**「比較表現」**をうまく活用した切り口となります。

　失敗しない方法を知りたい、初心者の悩みを解決したい、上級者の技術を取り入れたい、これらの要素を**「初心者と上級者の違い」で興味を作っている**ケースです。

　002の〈〇〇が絶対しないこと〉でも解説したプロや上級者ならではの目線をそうではない初心者と比較することで、より具体的に失敗しない方法や成功までのアプローチ方法がわかるという価値を訴求しています。この他にも、

- 初心者の絵だけを参考に…
  プロが知らないキャラ描いてみたら
  https://www.youtube.com/watch?v=SHAUE9aRdeI

- 絶対!! ギターが上手い人はこの仕組を知っている
  https://www.youtube.com/watch?v=igoUxDy8Z_8&t=1s

　などなど、初心者と上級者の違いをエンタメ要素として表現することも可能だったり、悩みの解決までのアプローチを情報の価値とすることもできます。

　サムネイルやタイトル、および企画において「比較要素」は興味を作る上で非常に効果的な手法です。本書においても今後の解説でいくつか登場してきますが、比較をうまく使って表現するテクニックも覚えておくといいでしょう。

ワンポイントアドバイス
ターゲットの悩みの理解を深めるとより効果的です。
相手が何に悩んでいるのか？しっかり考えてみましょう！

拡散率
約107.9倍

切り口
▶ 007

〈忖度なし〉

【ジムニーシエラ】購入から2年忖度なしに話ます

監督モータース
チャンネル登録者数 6340人　117本の動画

https://www.youtube.com/watch?v=B49O-Y0MDcE

69万回再生

再現性 ★★★★★　難易度 ★　応用性 ★★★★

©2023 SIERRA KANTOKU

060

> 第 2 部 ｜ 100 万回再生狙える企画 & 切り口 100 選

「忖度なし」という言葉は、正直に言う、配慮しないなどの要素を演出できる言葉として今では定着しつつあります。つまり、**「秘密の暴露」とも言える「秘匿性」を強く演出する力がある**ということです。

実はこの演出は YouTube との相性がとても良いです。世の中の権威のある人や新聞、テレビ、その他メディアは人間関係やスポンサーとの関係上、忖度された情報が溢れていると人々は気付いているからです。

> ゆえにそのしがらみのない**正直な情報が YouTube で発信する価値**として表現できるわけです。何者でもない素人が勝つポイントも一部ここにあったりします。

例えば、人生において割と高い買い物である車などは、メーカーやディーラーなどに忖度しないという切り口で高い反応を取れます。

> - CX-30が売れない5つの理由。オーナーが忖度無しで語ります。【マツダ mazda】
>   https://www.youtube.com/watch?v=egxXdJ1BqE8
>   65 万回再生／拡散率：約 49.4 倍

> - 【新型ヴェルファイア忖度なし解説】今度のヴェルファイアはマジやばい！アルファードを越えた!?
>   https://www.youtube.com/watch?v=XRF8a1l23Hc
>   62 万回再生／拡散率：約 11.4 倍

主にレビュー系と相性が良いとも言えますが、他のジャンルでもいろいろと応用はできますので、人間の興味を引くためのポイントとして覚えておきましょう。

拡散率 約2.7倍

切り口
▶ 008

〈無能〉

【一瞬でバレる】仕事が出来ない人の話し方 TOP3

マコなり社長

チャンネル登録者数 104万人　860本の動画

https://www.youtube.com/watch?v=LyW7tmd8npk

280万回再生

再現性 ★★★★　　難易度 ★　　応用性 ★★★★

> 第2部 100万回再生狙える企画&切り口100選

　非常にシンプルな単語である「無能」という言葉。この二文字が持つパワーはかなり強力です。**日本のYouTubeにおいてサムネイルの表現は言葉（ワード）で訴求する側面が強いのです。**

　テレビにおいても字幕やテロップが多用されたりしているなど、昔から日本人は文字によって感情を揺さぶられることが多く、またその表現の方法も多彩です。その中でも限られたスペースの中で、短い文字数で強い訴求ができるワードは非常に優秀で「無能」もその一つです。

> 　「無能」とは言葉の通り、能力のない人、ポンコツ、使えないやつ、などの意味があります。例として紹介させていただいた使い方としては、**無能を切り口に「自分はそう思われたくない……」という損失を回避したい感情を作り出しています。**

　この他にも違う使い方として以下のような表現にすると、損失回避の法則とは違った意味で「無能」というワードが力を発揮します。

> - 大塚家具"消滅"までの全てを語ります。
>   ここまで無能な人は人生で初めて見ました。
>   ヤマダ電機に吸収合併された大塚家具
>   https://www.youtube.com/watch?v=Cgf4t9H1Jo8

　この場合は自分ごととしての話ではなくて、野次馬としての興味。他人の無能さ具合をエンタメとして見たい、このような感情が働きます。
　切り口の力をうまく使うためには、ただ単にワードを覚えて使えば良いという訳ではありません。
　「その言葉や表現にどんな力があるのか？」「その言葉や表現を使って視聴者のどんな感情を呼び起こすか？」を考えて導きましょう。

063

拡散率 約 2.7 倍

切り口
● 009

〈知らないと怖い〉

知らないと怖い雑学６選【必見】

うわさの探偵たち【噂話・雑学・都市伝説】

チャンネル登録者数 46.1万人　849 本の動画

---

https://www.youtube.com/watch?v=pw-Nf_qHa5I

123万回再生

| 再現性 ★★★★★ | 難易度 ★ | 応用性 ★★★★★ |

064

第 2 部 ｜ 100 万回再生狙える企画 & 切り口 100 選

　これは**損失回避の法則（プロスペクト理論）をそのままストレートに表現したもの**です。「知らないと怖い」とハッキリとマイナスになると言っている訳ですからね。

　すごくシンプルではあるのですが、入り口の時点でハッキリ伝えることも重要です。

　ここで重要なのは「気付いていない人」に気付かせることで、より多くの再生数を獲得できるということです。

　PV（ページビュー：再生数）を最大化させるためには悩みが顕在化（表面化）していない人を取り込むことでマス（大衆）にまで届きます。もちろんこれは他のジャンルでも応用可能です。

- 【200万回再生人気レシピ】知らないと損するほど美味い煮込みハンバーグの作り方
  https://www.youtube.com/watch?v=wSQT3y0rvqY
  209万回再生 / 拡散率：約 13.3 倍

　これは「悩み」というよりも知っていることで得をする、つまりはプラスになるという位置付けになりますが、考え方は一緒です。

　このように扱う題材によって視聴者が受け取る背景の感情はそれぞれ少し違う側面もあります。ワード選びはそれを理解して使用することも大事なのです。

ワンポイントアドバイス

事例の中でどのような違いがあるのか？
実際に自分でも考えてみる思考実験をしてみましょう

065

拡散率
約 85.4 倍

切り口
▶ **010**

〈ローリスクハイリターン〉
事例1

エアコン送風ファン掃除DAISOの商品で…。

ずーみーちゃんねる
チャンネル登録者数 3.17万人　34本の動画

---

https://www.youtube.com/watch?v=P9QvBztvbSc

280万回再生

再現性　★★★　　難易度　★★★　　応用性　★★★★

「ローリスクハイリターン」とは、少ない金額および手間で大きなリターンが得られるという価値を訴求するものです。

反応を獲得するイメージとしては**「大変だと思っていたものが実は簡単だった」という感情を作る**ことができれば、ついクリックして見たくなる演出が可能となります。

自分の今までの常識をとても安い金額で、とてもラクな手段で解決できれば誰にとっても嬉しいことですよね。

事例1では、「エアコンの掃除って大変」というイメージがあり、業者を使ってコストもかかる、なんて考えている人が多いかもしれません。ネット上で検索してみたところ、「壁掛けタイプ1台でクリーニング代10,000円」といった価格設定もあり、それが100円ショップの商品で解決できるとなればユーザーにとってのメリットもとても大きく感じられますよね。

> 極力少ないコストで最大のリターンを狙うという表現をわかりやすく伝えるためには100円ショップの力は強いです。

しかし、ここで重要なことは「100円ショップ」という認識だけを覚えるのではなく、本質である〈低コスト高リターン〉の演出が効果的であると理解してください。

そもそも、物事の悩みを安価な代用品(またはサービス)を使って解決するという切り口は昔から使われてきましたが、これはあらゆるジャンルで応用可能な鉄板とも言えるものなのでぜひ覚えておきましょう。

それを表現する上で補足の事例を次にご紹介します。

拡散率
約39.9倍

切り口
010

〈ローリスクハイリターン〉
事例2

ダイソー新商品「ダッチオーブン」
美味すぎるごはんの炊き方と最強無水カレー

レジェンズアウトドア
チャンネル登録者数 2970人　124本の動画

https://www.youtube.com/watch?v=_mFDoIKY--k

86万回再生

| 再現性 ★★★ | 難易度 ★★★ | 応用性 ★★★★ |

これは、キャンプでの活用例ですが、極力少ないコストで最大のリターンを狙うという表現をわかりやすく伝えてあります。ここでも100円ショップの力はやはり強いですね。

> **「これ一本見れば全て解決！」** そんな訴求をすることができれば、視聴者も限りある時間を動画一本で集中して解決できるわけですから、隠れた要素として網羅性のポイントも存在します。

ただし、ここで注意したいのはお題に対する切り口の相性です。

これまで見てきた、低コスト高リターンの**「〇〇するだけで〇〇できる！」** のような訴求は皆さんも一度はどこかで見たことのある定番コピーです。

再生数を多く獲得しようと思うのなら、そのお題となるものは悩みのユーザーが多い、より一般的なお題でなければ再生数はそこまで伸びていきません。

当然、マニアックすぎれば再生される母数自体が少なくなります。

> ただし、ニッチな分野でもそこから自社商品やサービスに繋げることができれば、1万回再生に届かなくても動画1本で100万円〜1,000万円の売上を出すことも可能だったりします。

しっかり**「目的」**に合わせた運用と切り口を工夫することで多くの売上を確保することが可能となります。

あくまでYouTubeはあなたの夢を実現する**「手段」**です。自分が達成したい目的に向けて適切な戦略を立てていきましょう。

拡散率
約 45.6 倍

切り口
○011

〈経験上これをやると〉

【2ch有益スレ】経験上これやると人生終わるって習慣教えてww【ゆっくり解説】

情報成金ちゃんねる【2chゆっくり解説】
チャンネル登録者数 3.91万人　240本の動画

https://www.youtube.com/watch?v=hqTPinWElMY

179万回再生

再現性 ★★★　　難易度 ★★　　応用性 ★★

この切り口は主に2chなどのスレを動画に起こすフォーマットのチャンネルでよく使われました。

- 経験上これをやると人間関係終わります
- 経験上これをやるとガチで後悔します

などなど、100万再生以上を叩き出すことも多かった切り口です。皆さんも何かに失敗した後になって、**事前にもっと経験者の話を聞いておけばよかったな……」という後悔があると思います。**

「経験上」という言葉の中に、自分は以前実際にこれで失敗または成功したけど、経験から考えて間違いないと思うよという意味が詰まっています。まさに未経験の人にとっては**「金言」**である可能性があると思わせる演出ができるというわけです。

実はこの表現は、005で紹介した**〈最初から知りたかった〉という表現と本質的には似ている部分もあります。**
初心者または未経験者が失敗を回避するために最初に知っておくべき有益な情報を切り口を変えたワードで伝えているものになります。
今回の**「経験上これをやると〜」**に関しては、すでに失敗要素を自分がやってしまっている可能性があるかも……という「痛み」をイメージさせる上で少し異なる部分もありますが、視聴者の感情を揺さぶる上で本質部分は似ている切り口は他にも多いです。

> **ワンポイントアドバイス**
> 視聴者が反応してしまう感情のパターンを理解すること。
> これができればワード表現の幅は無数に広がります！

切り口
012

〈○○年問題〉
事例1

【残酷な真実】今すぐ貯金しないとヤバい理由 2025年問題を乗り越えろ

こばん夫婦の貯金箱【3人家族の節約生活】
チャンネル登録者数 6.29万人　31本の動画

https://www.youtube.com/watch?v=9JTnbLflNng&t

152万回再生

再現性 ★★★　難易度 ★★★　応用性 ★★

事例にある「2025年問題」とは、日本において社会保障費が重くなることで財源不足による増税の問題など、日々の生活に直結するお金の話題ですが、「2025年問題」というキーワードが優秀、ということを伝えたい訳ではありません。このようなテーマを活用して、以下の要素を巧みに操ると、つい人間が反応してしまう切り口を作れる可能性があるという話です。その要素とは3つ。

- 緊急性
- 痛みの顕在化
- 語尾を強めた警鐘

緊急性とは、今すぐ動く必要があると相手に思わせるもの。これは限定性と合わせてよく使われたりします。

例えば、「ふるさと納税などでも法改正があって、何月何日までしかこの商品は買えません！それ以降は除外されます！」と言われれば**緊急性から駆け込み需要が発生**します。

それに近い形で「限定性」とは、テレビショッピングでも「何個限定」「30分以内にお申し込みいただいた方限定」など手に入れられる数量や時間に限りがあると伝えて行動をさせるもの。

ゆえに「2025年問題」というワードそのものではなく、期限が迫る今この瞬間に行動を起こすべき必要があるという**緊急性を訴える本筋のテーマ**であるということ。

ここに**痛みの顕在化**を組み合わせます。

「顕在化」とは隠れていたものが表面に現れるという意味。似たような切り口で100万再生近い数字を作っている事例で改めてご紹介します。

拡散率
約 **2.8** 倍

切り口
012

〈〇〇年問題〉
事例2

【残酷な真実】今すぐに貯金をしないとヤバい理由

Kentaro.【一人暮らしと貯金】

チャンネル登録者数 33.9万人　163本の動画

https://www.youtube.com/watch?v=zB1IjWli1cU

96万回再生

再現性　★★★　　難易度　★★★　　応用性　★★

こちらも先ほどの事例1と近い切り口で作られています。どちらの動画にも「残酷な真実」とタイトルに記載がありますが、これが痛みを連想させるワードの役割を果たします。

今すぐ貯金をしないと悲惨な未来が待っていると視聴者に痛みを連想させることで「顕在化」させます。

そして、「警鐘」をイメージさせるように「○○しろ」と語尾を強めて言い放つことで、緊急性や痛みに対する警鐘が増幅します。

> このように優れたサムネイルの切り口には、随所にユーザーの感情を揺さぶる表現を組み合わせることでクリックしてもらうための**「行動」を誘発させている**のです。

ゆえにテーマは2025年問題でも2035年問題でもその他なんでもいいのです。視聴者にとって「自分ごと」として考える必要があって一般的に認知すべき話なのであれば。

**大切なのは切り口として視聴者にどう感じてもらうか？
そして、どう行動させるか？という部分になります。**

もちろんYouTubeはサムネイルだけではなく、中身の話や動画内での世界観なども重要です。これまでご紹介してきたチャンネルの運営者の方々も視聴者にしっかりと「価値」を届けるために日々切磋琢磨して満足してもらえるクオリティを作っています。

しかし、せっかく作った素晴らしい中身がサムネイルやタイトルのような入り口の工夫が足りないことであと一歩伸びない。それは非常にもったいないと言えますので、しっかり本書においてスキルとして身に付けておいてほしいと思います。

拡散率
約 **82.5** 倍

切り口
● **013**

〈〇〇地獄〉

【鉄拳7】11600勝キングの投げ地獄に手も足も出なかった…【赤段】

じぇく【鉄拳衆】
チャンネル登録者数 7720人　13本の動画

https://www.youtube.com/watch?v=1TBMYXQ2_4A

63万回再生

再現性　★★★　難易度　★★★　応用性　★★

ここで言う「地獄」というのは、主に**「悲惨な状況のループ」**のような表現で使います。例えば、

- **借金地獄**
  借金が減らずにいつまで経っても苦しい状況
- **サラ金地獄やローン地獄**
  これも同様にお金の面で地獄のような状況がループする様
- **マツダ地獄**
  昔のマツダ車は新車が売れずに大幅値引きをすることで中古買取金額も安くなり、再度新しくマツダ車に乗るしかないというループのこと

その他にもいろんな表現で使われています。

ゲームなどで言えば**「ハメ地獄」**
生活環境で言えば**「介護地獄」**

などなど、**悲惨な状況を演出するために**「地獄」というたった二文字のワードで強い訴求が可能になるのです。

悲惨な状況をエンタメのように見せて興味を引く他に、これまでにご紹介してきた**損失回避の法則や痛みを顕在化させるための表現**として使うことで、サムネイルで使う時のワードとして面白い切り口を作ることもできると思います。

> **ワンポイントアドバイス**
> 少ない文字数で状況を伝えられるワードは優秀です。短くシンプルに伝えるほどインパクトが増したりもします！

077

2

ネガティブ訴求
と
カリギュラ効果

「ネガティブ訴求」とは、言い方を変えれば「マイナス訴求」と捉えることもできます。相手にネガティブな印象を与えることで「気になる」という感情を引き出すもの。
　事件、事故、不幸、などゴシップ記事のようにネガティブな要素はポジティブな要素より人の興味をより強く引きつけます。

　もう一つの「カリギュラ効果」とは、禁止されたり制限されたりすると逆に興味が湧いて行動したくなるという心理効果。
　「やるな！」と言われればやりたくなるし、「行くな！」と言われれば行きたくなる。人間の心理的な要素を逆手に取ることで行動を誘発することができます。

　このカテゴリーでは上記の要素を応用したものをご紹介していきます。

切り口
▶ 014

〈触れてはいけないタブー〉

世界全民族集合の日本史
【あまり触れちゃいけない名前編】

考え方の学校 Yoshi Sun TV
チャンネル登録者数 14.3万人　266本の動画

https://www.youtube.com/watch?v=EX-d2zg5K1Q

56万回再生

再現性 ★★★★　　難易度 ★★★　　応用性 ★★★★

©岡本佳之

「触れてはいけない」と言われれば一度は触れたくなる。**カリギュラ効果**をうまく活用した切り口です。また、「タブー」と言われればコッソリその中身を知りたくなる。

このようにカリギュラ効果は心理効果の中でも行動を誘発させる力が強い傾向があり、人の本能に訴えかける分、高い反応率を作ることもできます。この他にも、

- 【闇】日本史最大のタブー、からゆきさんの真実
  https://www.youtube.com/watch?v=dvNAN94eQj0
  51万回再生 / 拡散率：約4.9倍

など、この効果を誘発させるパターンはいくつも存在し、**「絶対に検索してはいけない言葉」「絶対に真似をしてはいけない」**や簡単な使い方として**「絶対に〇〇するな」**という切り口も応用性が高いです。

ここに**秘匿性や秘密の暴露**といった要素がかけ合わさるとネタによってはより高い相乗効果を生んだりもします。

> カリギュラ効果 × 秘密の暴露

この他にも**「閲覧禁止」**など、あえて見るなと伝えることでカリギュラ効果を作っているケースも多いです。

これらを知った上で、皆さんが日常で触れているサムネイル、記事、広告を改めていろいろと見てみてください。

様々な掛け算が存在しますし、つい自分が反応したカリギュラ効果の事例から学びを得て、真似をしていく成長の仕方もいいと思います。

拡散率
約 **9.4** 倍

切り口
○ **015**

〈クレーム殺到（批判殺到）〉

ゆっくりツーリング【バイク系・ゆっくり解説】
チャンネル登録者数 1.39万人　123本の動画

https://www.youtube.com/watch?v=w7Uvj8g5iTs

13万回再生

再現性 ★★★★　　難易度 ★★★　　応用性 ★★★

082

第2部　100万回再生狙える企画＆切り口100選

「クレームが殺到した」と聞けばネガティブなイメージを連想する方がほとんどだと思います。何か致命的な欠陥や対応が存在したためユーザーからとんでもない反感を買ってしまったのだろうと。**「何が起こったんだろう？」「どんな悲惨な状態なのだろう？」**とつい覗いてみたくなる感情を引き出すことで高いクリック率を作ります。

> 人がネガティブな要素に反応してしまうことは心理学的にも研究結果が出ているようで、自分の身を守るために本能的にネガティブなニュースなどに強く興味を持ってしまうのです。

ニュース以外でも近くで事故や火事があれば興味本位でつい見に行ってしまう。皆さんもそんな経験ありませんか？　ネガティブな要素は思っている以上に人の反応を引き付けてしまうのです。

ただ、この**「ネガティブ訴求」**で過激な方向に行きすぎると、迷惑をかける対象があれば相応のリスクを伴いますのでご注意を。例えば、週刊誌などもネガティブなゴシップを取り扱うことで成立している側面もありますが、同時に訴訟リスクも多く抱えているような構図ですね。

> 効果的な切り口の使い方としてはサムネイルやタイトルではネガティブな側面を強く打ち出しながら、**動画の中身としてはしっかりポジティブな側面を盛り込んで着地させる。**

そうすることである程度のバランスが保たれて、動画の炎上リスクを抑えることも可能です。**情報の精度が高ければより多くの人にしっかりとした納得感を作ることもできる**でしょう。用法用量を守りながら視聴者にとって楽しめる動画作りを心がけてみてください。

083

拡散率
約 22.5 倍

切り口
● 016

〈何かおかしい〉

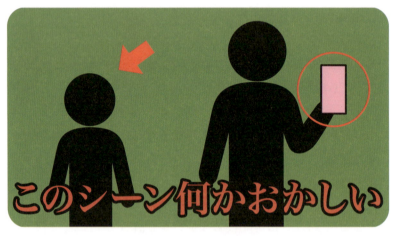

このシーン何かおかしい

【トラウマ】気がついた瞬間ゾッとする...
クレしんトラウマ回5選【ゆっくり解説】

ゆっくりアニメ闇図鑑
チャンネル登録者数 7.51万人　164本の動画

https://www.youtube.com/watch?v=JqzIbgCwpjA

173万回再生

再現性 ★★　　難易度 ★★★★　　応用性 ★★★

> 第2部 | 100万回再生狙える企画＆切り口100選

　この切り口はネガティブ訴求やカリギュラ効果を一部含みつつ、さらにいろいろな感情を引き出す切り口。あえて多くを語らず「何かおかしい」と違和感を視聴者に与えることで、その先に訪れる結末が知りたいという好奇心を誘発させる効果があります。

　ホラー要素や都市伝説などと相性が良い切り口になりますが、その他のジャンルでもある程度の応用力はあります。流れとしては、以下の構図をイメージすると良いです。

> 1. 違和感 → 2. 伏線 → 3. 結末（末路）

　この「違和感」の部分を興味としてサムネイルやタイトルで演出することができれば成功ですが、**ワードと共に違和感を作る絵（画像）も用意することで最大限の力を発揮する切り口です。**

> 「違和感 → 伏線」の部分で見てはいけないもの、知ってはいけないものというカリギュラ効果を盛り込みながら「伏線 → 結末（末路）」でネガティブ要素が含まれると、綺麗に繋がります。

　あとは切り口ワードの組み合わせ次第ですが**「何かおかしい」**という違和感をサムネイルで表現して、タイトルで**「意味がわかると怖い」**や**「衝撃の結末」**などの表現を入れておいたりするのも効果的です。

　一連の流れを知りたいという視聴者の興味をサムネイルとタイトルで作ることができれば、高い反応率を作れることも多いです。

ワンポイントアドバイス

サムネイルで「興味」を作ってタイトルで「補完」すると効果的！

085

拡散率
約 33.6 倍

切り口
▶017

〈極論ネガティブ〉

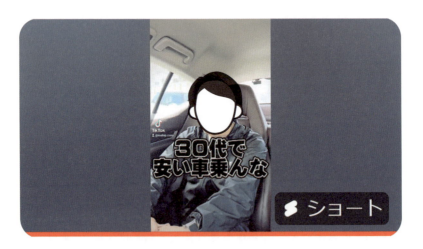

30代で安い車乗んな

マロピー

チャンネル登録者数 9.62万人　338本の動画

---

https://www.youtube.com/shorts/H4BVZQWpVfg

323万回再生

再現性 ★★★★　難易度 ★★★　応用性 ★★★★★

「**極論ネガティブ**」とは、サムネイルやタイトルの時点で極論とも言えるネガティブ要素を前面に押し出して注目を集める手法。

自分に少しでも関わる内容が含まれていた場合、思わず手を止めてしまう効果があると思っています。例えば、

- ○○のブランド着てるヤツ、マジダサい
- 40代でまだ賃貸とか負け組

などなど、言われてドキッとしつつ少し反感を覚えるような切り口で興味を作るパターンです。

この切り口の重要なところは、ただ暴論を言えばいいのではなく、届けるターゲットを意識して、まるで自分のことを言われているような気持ちを引き出すことです。それが高い反応率を作る結果となります。

この切り口のポイントは**「自分で言っているわけではない」**という点になります。ネガティブな極論を前面に押し出しつつも、そういうコメントが来た、そういう意見をSNSで見た、という流れに持っていく形です。つまり、**動画の中身はそのネガティブな意見に対してアンチテーゼを唱える内容にするということです。**

極論とも言えるネガティブ要素に不安になりつつ、逆に動画の中では自分のことを肯定してくれている。「そのブランド最高」「軽自動車のコスパは素晴らしい」など理解者になってくれる着地が用意されていたことで安心するという感情を最終的に引き出すことが可能です。**このように切り口は入り口と出口の使い分けを意識して実践すると可能性が広がります。**逆に批判一辺倒の内容はリスクもあるのでご注意ください。

切り口
▶018

〈悪魔的〉

【人を動かすヤバい話し方①】
元マルチ商法のプロが教える悪魔的手法

中田敦彦のYouTube大学 - NAKATA UNIVERSITY

チャンネル登録者数 530万人　1001本の動画

https://www.youtube.com/watch?v=vzYaYs_Vogw

363万回再生

再現性 ★★　　難易度 ★★★★★　　応用性 ★★

「悪魔的」という言葉は漫画『賭博堕天録 カイジ』（福本伸行、講談社）で有名になった側面も強いですが、**正気を保てないほどの感動や別の意味合いとして裏技を連想させたり、禁断のテクニックのような表現**で使われたりすることも多いです。

この切り口を使う場合の難易度はかなり高いと思います。なぜなら**期待値をかなり高く設定する切り口**になるので、動画の中身がその期待にしっかり沿っていることが重要になるからです。

しかし、その期待値を回収できるだけの内容を担保できる場合には、他の切り口と組み合わせながら使うといいでしょう。

組み合わせる際に相性が良いのは**「カリギュラ効果」**です。

> 【閲覧禁止】絶対に真似してはいけない悪魔的テクニック
> 【悪用厳禁】一発で人を虜にする悪魔的〇〇術

などなど、**見てはいけないもの、知ってはいけない要素**などを組み合わせると、より効果的な切り口となるケースも多いと考えます。

> 人は短時間で大きな成果を欲しがったり、誰でも簡単に効果が出る裏技が知りたいなど、基本ラクをしたいと考える生き物だということ。

一方でこの切り口は、料理などにおいて言い表せない旨さを表現したりする際にも使えます。

言葉が持つ意味や受け取り方は表現の仕方で大きく変わってくる側面を持っているということです。繰り返しになりますが、切り口を単語として覚えるよりも、どんな表現に感情を揺さぶる効果があるのかの本質部分を見極めることで皆さんのスキルは爆上がりするでしょう。

3

強 調 演 出

「強調演出」とは言葉の通り、強調すべきところをしっかり前面に押し出して視聴者の興味を引くもの。

　あなたのYouTubeが伸びるかどうかは基本「相対評価」で決まっています。相対評価とは、他と比べて優れているかどうか比べられて決まるもの。第1部で視聴属性やターゲットの話をしましたが、その視聴者が普段見ているチャンネルや動画の中で、高い評価を得て勝ち抜く必要があるのです。

　YouTubeのAIにはクリック率や視聴維持率など、視聴者からの反応が高い順に様々なユーザーへと拡散させていく仕組みがあります。
　つまり、他の動画より相対評価として高い反応を得る必要があるため、強調すべきところはしっかり強調することが大切だということです。

拡散率
約 10.8 倍

切り口
○**019**

〈注目点(赤丸／矢印)〉
事例1

【本気をつけて!】iPhone やってはいけない
設定とおすすめ設定5選＋1解説!

みずおじさん
チャンネル登録者数 45.7万人　761本の動画

https://www.youtube.com/watch?v=TJrm_frlfBs

490万回再生

再現性 ★★★★★　難易度 ★　応用性 ★★★★★

「注目点」とは、サムネイルにおいて**どこを注視すべきか、赤丸や矢印などのデザインでしっかり演出すること**を指します。

　本書では言葉の表現をご紹介するケースが多いのですが、サムネイルは写真や画像などとセットで使うことを考えると、そちらも当然手を抜いてはいけません。

> 　言葉（ワード）で視聴者の感情を引き出すだけではなく、絵として見せて視聴者に「イメージ」してもらうことで、より高い反応率を獲ることができます。一点意識するポイントとしては**「土台としての切り口の工夫」**を行った上で注目させることです。

　事例でご紹介しているサムネイルも「やってはいけない」や「絶対ダメ！」という**プロスペクト理論（失敗回避の法則）が土台**としてあります。本名が知らないうちにバレてしまうという個人情報上のダメージを連想させた上で**「警鐘」の演出**を行っています。

　このような切り口で作る心理効果の土台があった上で強調させるポイントを「視覚」としてしっかり作っておく。その相乗効果があってはじめて効果が活きてきます。

失敗による痛みを感じるターゲットの母数が多ければ多いほど、うまくハマった時は大きなバズを作れることが多いです。

　この事例は誰もが持っているスマホにおける題材であるがゆえに500万回再生近い数字を作れています。

　似たようなケースや異なる使い方の紹介として違う事例も見てみましょう。

次へ

拡散率
約 **17.4倍**

切り口
●**019**

〈注目点（赤丸／矢印）〉
事例2

【危険】エンジンの寿命を縮める危ない行為8選
【ゆっくり解説】【クルマの雑学】

カーメカニズムTV【クルマの技術ゆっくり解説】
チャンネル登録者数 6.06万人　112本の動画

https://www.youtube.com/watch?v=t8tw2ug7NYY

106万回再生

再現性 ★★★★★　難易度 ★　応用性 ★★★★★

次はスマホではなく車のエンジンについての企画です。こちらも先ほどの構図と近い形の切り口で100万回再生以上の数字を作っています。

> このようにジャンルを跨いで複数の共通で伸びている切り口は根拠としても信頼性が高い証拠となります。

車も多くの人が所有していますし、その中でもエンジンの寿命を縮める行為となれば**数百万円規模の痛みを伴うイメージを連想**させます。大衆が日常的に使うものであり、かつ失敗回避の法則が強く働けばバズを生むことも可能ということです。

その中でサムネイルの赤丸注目点はギリギリ答えがわからない範囲で**「知っておきたい」という感情を誘発**させています。このようにサムネイルの場合は切り口のワードと共に画像でも興味を作る工夫を怠らないことです。さらに言えば**「ゼッタイやるな」**という言葉に今までご紹介してきた切り口の中から2つ、それぞれ違う心理効果があることにお気付きでしょうか？

> ❶ 禁止されればやりたくなる「カリギュラ効果」
> ❷ 警鐘を促す「プロスペクト理論」

同じ言葉でも全体の表現の仕方で、意味や視聴者が受け取る感情は全然変わってきます。

ワードの暗記ではなく**視聴者のどういう感情を引き出すか？**という意識で作ることが重要だという事例の一つです。

きちんとその背景さえ理解していれば、効果的な切り口の組み合わせで相乗効果を生み出すことができます。受け取る相手の立場になってしっかりアイデアを練っていきましょう。

切り口

▶ 020

〈魔改造〉

【魔改造】ディアゴスティーニの週刊ラジコンCARにマッドバンのブラシレスモーターをぶっこんでみた

たーし
チャンネル登録者数 7.61万人　120本の動画

https://www.youtube.com/watch?v=5zUvYhEXfGQ

89万回再生

再現性　★　　　難易度　★★★★★　　　応用性　★★

少し変わった切り口ですが、今回は漢字一文字に宿る力を理解するパートです。注目したいのはタイトルにあるワード。ただの「改造」ではなく**「魔改造」**という切り口。

　この場合「魔」というたった漢字一文字に**異様な光景をイメージさせる力**が存在します。どれだけエグい改造を施していて、その結果どうなるのだろう……という興味を作ることができるのです。

　日本語や中国語は漢字という少ない文字数で多くの意味を共有できる世界的にも珍しい文化を持っています。それゆえ写真や画像のみでシンプルに伝える海外のサムネイルよりもワードによる訴求が多い文化になったとも考えられます。

> 魔・鬼・極・神・死・超・損・嘘・爆・終・謎・裏・悪・即

　などなど、たった一文字でイメージを膨らませることができる漢字が多く存在します。二文字もあればもっと具体的に様々な場面を表現することができるでしょう。

　つまり、誇張すべきポイントがあるなら、**余すことなくしっかり誇張すること**でユーザーにもその状況が伝わりやすくなるのです。

> サムネイルやタイトルで表示できるスペースや文字数は限られているわけですから、なるべく短い文字数でインパクトを作ることも重要です。

　視聴者がサムネイルやタイトルを見る時間は1秒にも満たない、という前提で考えることをオススメします。

　その短い時間の中でどうやって興味を引くか？という工夫において強調表現をうまく使っていきましょう。

切り口
・021

〈神回〉

3万枚!?

これは出禁レベル

超絶神回

【超絶神回!!】出禁レベルwwたったの500円分のメダルから1万枚目指したらそれ以上に稼げて流石にヤバすぎたww【メダルゲーム】

GOD IN GOD

チャンネル登録者数 12万人　1400本の動画

https://www.youtube.com/watch?v=_t4NA1E1N9s

144万回再生

再現性 ★★★　　難易度 ★★★★　　応用性 ★★★★★

「神回」という切り口は表現として無難中の無難ですが、**しっかり中身が伴えば強い力を発揮する切り口です。**なぜ誰もが知っているような一般的な切り口をあえて紹介しているかというと、**期待値のコントロールの考え方**も覚えておく必要があるためです。

> 「期待値」とは、人が事前に予想する期待の度合いのこと。わかりやすく例えるなら、60点しか取れなかったと思っていたテストが80点であれば嬉しい気持ちになりますし、逆に100点だと思っていたのに80点であれば残念な気持ちになる。同じ点数でも受け取る感情は期待値によって真逆になるということ。

サムネイルやタイトルで興味を最大化させる工夫はクリック率を高く叩き出す結果に繋がりますが、同時に視聴者の期待値も事前に上げる結果となります。その上で**中身がその期待に沿っていなければ、いわゆる「釣りサムネ」という烙印を押されてしまいます。**

YouTubeでチャンネルを成長させるということは、視聴者からの「信頼」を積み重ねる継続的な挑戦です。

ゆえに「神回」と書いておけば反応が高くなるだろうと安易に考えて使ってしまうと、内容が「神回」と言えるほどではなかった際に視聴者の落胆が信頼の低下に繋がります。

逆に「神回」と呼べるほどの面白い内容だったのに、控えめな表現でサムネイルを作ってはもったいない結果になる可能性もあります。

そのため、**誇張表現を使っても内容が担保されていると思われる時はしっかり使う。**期待値を上げすぎてしまう可能性がある場合は別の表現の切り口を模索するなど、視聴者目線で物事を考えていきましょう。

切り口
○ 022

〈最凶／最狂〉

日本の歴史上"最凶"と謳われる大妖怪8選！

世界の七不思議 えむちゃんねる

チャンネル登録者数 21.6万人　437本の動画

https://www.youtube.com/watch?v=FEsGWTP8Pp0

188万回再生

再現性 ★★★　　難易度 ★★　　応用性 ★★★

第2部 | 100万回再生狙える企画＆切り口100選

　YouTubeでもよく見る「最強」という表現よりもさらに不穏な印象を与える「最凶／最狂」という切り口。前項で漢字には少ない文字数でイメージを膨らませる力があると言いましたが、こちらもその典型例。**突き抜けて禍々しい様子や狂った状態**をエンタメとして見たいという視聴者の興味を引きつけます。

　ちなみに、サムネイルやタイトルが苦手だという人の多くは「誇張表現」をうまく活用できないケースも実は多いのです。無難なサムネイルになってしまう理由の一つとして、弱気になって強く打ち出せないという方が一定数います。そんな時は**最初にサムネイルとタイトルを作ってから動画の中身を作り込む**。最初にサムネイルを作る際に、自分が思う以上に強い表現で作成する。そのイメージを持つと良いです。

> 興味を引くサムネイルのタイトルを作成するには、自分が思っている「2倍」ぐらい強い表現で作るとちょうどよくなったりもします。

　逆に中身を適当に作って価値提供が疎かになり、その上で誇張表現を含む強すぎるサムネイルを作りすぎてしまうと悪い意味でのギャップが広がります。ゆえに以下の手順を意識して作成してみましょう。

サムネイル作成（2倍ぐらい強い表現）
↓
サムネイルに釣り合う中身を作り込む

　この順番で取り組むことで強いサムネイルのタイトルを作りながら、それに伴う動画の中身を作る意識が定着します。なるべく企画の入り口の部分をしっかり固めてからスタートさせていきましょう。

101

切り口
▶ 023

〈最弱〉

【最弱】触っただけでバラバラ⁉
史上最弱の昆虫ガガンボ【へんないきもの #88】

へんないきものチャンネル
チャンネル登録者数 44.1万人　954本の動画

https://www.youtube.com/watch?v=0-oaRyWbGys

49万回再生

再現性 ★★★★　難易度 ★★　応用性 ★★★★★

人の興味を引くのは何も強さだけではありません。「最も弱い」という表現もその突き抜けた様子が一つのエンタメとなります。008の**「無能」に近い表現**ではありますが、少し異なる部分もあります。

> 「無能」という切り口はダメさ具合がエンタメとなる「最弱」に近い使い方もできますし、自分ごとに捉えてもらって**「プロスペクト理論」**を発動させることもできます。
> 一方で**「最弱」**は弱さをどれだけ誇張して伝えられるかがエンタメとして成立するケースがほとんどで突き抜けた様子が面白さを演出します。ここでわかることは興味を引くための工夫として**「どちらか一方に突き抜けた表現」**を意識すると良いということです。

例えば人気ランキングを例に見てみましょう。基本的には「一番人気のある〇〇が知りたい」という流れが一般的です。どこに人気が集まっているか気になるという純粋な好奇心や一番役に立つものを知りたいという感情を引き出せます。

一方で、不人気ランキングというものも**逆に振り切った形で価値を作れます**。世間は誰のことが嫌いなのか気になってしまうという要素や粗悪な商品を掴まされたくないという感情を引き出せるのです。

> このように両極端に振り切った状態を作ることで、
> シンプルに興味を作る入り口を作ることができるのです。

切り口の本質を理解することで様々なアイデアや企画の幅も広がってくるでしょう。

「最強」や「最弱」は、切り口の入門編として非常に簡単で応用力もありますので、他の要素と組み合わせながら活用してみてください。

4

トリビアへの欲求

「トリビア」とは、雑学や豆知識のことを指します。
　一見無駄に思える知識でもその無駄が快感に変わる側面を持つという意味で、人は動物界でも異質な存在と言えるかもしれません。

　雑学にはそれ自体に高い需要があります。芸能人やキャラクターの豆知識を知るだけで楽しい、なんて経験、皆さんも一度はあることかと思います。

　その他、歴史や学問含めて「知識欲」を刺激することで視聴者の興味を作る切り口を、ここからいくつか紹介していきます。

拡散率 約**8.2**倍

切り口
024

〈素朴な疑問〉

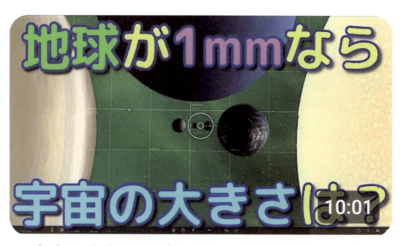

宇宙の大きさはどれくらい？地球を1mmに
圧縮して宇宙のスケールを再現してみた！

宇宙ヤバイch

チャンネル登録者数 28.4万人　1406本の動画

https://www.youtube.com/watch?v=HiCPAbkawlA

232万回再生

再現性 ★★★　難易度 ★★★★　応用性 ★★★★★

第 2 部 | 100 万回再生狙える企画 & 切り口 100 選

「素朴な疑問」とは普段深く考えてみたことはないが「言われてみればそれってどうなんだろう……」という気持ちを引き出す手法。うまくハマれば非常に高い反応を獲得できることも多いです。

この事例でご紹介したのはいわゆる「IF」設定。「もしも～なら」という設定上の疑問が「気になる……」という感情を誘発させます。

この IF 設定はそのお題に対する深い理解が必要なので少し難易度が高くなるケースもありますが、その他にも普段日常に潜んでいる「素朴な疑問」も強い興味をそそります。例えば、

> ● カラスの死骸を見ない残酷な理由！
> https://www.youtube.com/watch?v=qIvadtxiDmE
> 231 万回再生 / 拡散率：約 40.7 倍

これは、「あれだけ日常で見かけるカラスなのに死骸は全く見ない」という、日常に潜む「素朴な疑問」が雑学として優秀です。

ちなみにこのネタは全く同じような切り口で違うチャンネルでも爆伸びしたりします。このように同じネタなのに複数チャンネルで伸びてしまう企画を「鉄板ネタ」と言ったりもします。

> 企画を作る時点で、視聴者に「素朴な疑問」を投げかける。そして、その切り口が多くの人にとって「普段は意識していないが、言われてみれば気になる……」というトリビアへの欲求を刺激できれば、100 万回再生を超えるバズをかなりの頻度で作ることができます。

強いワードを意識して誇張するケースとはまた違った訴求の仕方であり、**疑問から生まれる知識欲**は思っている以上に力を発揮します。今後紹介する切り口と組み合わせて活用してみましょう。

107

拡散率
約 **80** 倍

切り口
● **025**

〈難問／超難問〉

【難問】すでに亡くなっているのは誰？
あなたの脳力を試すクイズ8選【ゆっくり解説】

ピーターの人間科学【ゆっくり解説】
チャンネル登録者数 6850人　36 本の動画

https://www.youtube.com/watch?v=MqlRXjlPS7Q

55万回再生

再現性 ★★★　　難易度 ★★★　　応用性 ★★★

第 2 部 ｜ 100万回再生狙える企画＆切り口100選

　皆さんが普段仕事などで直面する難問は苦痛しかないでしょう。しかし、**雑学としての「難問／超難問」はエンタメにまで昇華します。** 難しいこと自体に情報としての価値が存在するということです。
　023〈最弱〉で、**「突き抜けた表現」** が生む力の解説をしたのですが覚えていらっしゃいますか。

> 今回の事例では「99％が解けない」という表現が
> 突き抜けた強さを作っています。

　企画の切り口とそれを表現する言葉選び。それをうまく組み合わせることで「絶対に解けないなら解いてみたい」と思う人もいれば「世界一の難問ってどのレベル？」という興味が湧いてくる人もいるでしょう。
　難しいことで有名なGoogleの入社試験のネタなども、YouTubeやSNSで強い数字を作っています。**突き抜けた難易度は挑戦意欲や興味本位の面白さを演出してくれる**のです。
　現実世界で自分が難問や難題に直面してしまえば苦痛を伴うことも多いでしょうが、安全地帯から雑学として見る分にはこれらの要素はエンタメに変わるという面白い要素があります。
　今回ご紹介した事例は、前に紹介した**「突き抜けた表現」** と**「トリビアへの欲求」** が組み合わさった切り口と言えるでしょう。このように切り口は単品でそのまま使うだけではなく、複数の要素を組み合わせて使うことでさらなる効果が期待できるものも多いです。

> **ワンポイントアドバイス**
> 「見る人の興味を作る」その本質部分を本書で理解する。
> そしてそれらを組み合わせて効果的なサムネイルを作りましょう！

109

切り口
▶026

〈知らない方が幸せ〉

3:21

知らない方が幸せだった雑学

雑学博士ミヤジマくん

チャンネル登録者数 42.5万人　930本の動画

https://www.youtube.com/watch?v=aQHJtLpBVhg

13万回再生

再現性 ★★★★★　難易度 ★　応用性 ★★★★★

©FIRST LLC.

> 第 2 部 | 100万回再生狙える企画＆切り口100選

　今回ご紹介する事例は、「人間の寿命」をテーマにしています。一見シンプルに見えて実は複数の切り口を組み合わせているケースです。これまでに本書でご紹介してきた要素が多く含まれています。

- **人間の自然寿命** → 素朴な疑問（024、P106）
- **知らない方が幸せ** →「カリギュラ効果」

　上記 2 つが組み合わさって**「トリビアへの欲求」**を総合的に作っています。もちろん動画の中身が面白いことで伸びていると思いますが、シンプルに見えて実は複数の切り口がしっかり組み込まれているということです。

　普段皆さんが目にする YouTube のサムネイルやその他広告なども「これってどんな感情を引き出そうとしているのだろう？」といった視点を持つと、日常の全てが学びに変わります。人より抜きん出た結果を残すためにはこの視点が非常に重要だと私は思っています。

　そして今回の**「知らない方が幸せ」**という切り口自体には、多種多様な掛け算がその中に存在しています。

- **雑学への興味 × カリギュラ効果**
- **雑学への興味 × 怖いもの見たさ**
- **雑学への興味 × 真相に迫る興味**

　このように引き出す感情として様々なパターンが存在します。

> ワンポイントアドバイス
> 入り口から出口まで全てに対して気を抜かずに「総合力」で勝ちに行く意識もしっかり持っておいてください！

拡散率
約 **30.5** 倍

切り口
•**027**

〈〇〇した結果〉

【2ch動物スレ】イッヌの目の前で
犬型ケーキ食べた結果ｗｗｗｗｗｗｗ

2ch動物スレ広場

チャンネル登録者数 4.32万人　277本の動画

https://www.youtube.com/watch?v=maC-5Bb5kI4

132万回再生

再現性　★★★★　　難易度　★　　　応用性　★★★★★

112

これは「○○した結果」→「どうなるの？」という感情を引き出す至極シンプルな切り口です。オチが気になるという純粋な好奇心をサムネイルのタイトルで作ることで高い反応率を取れることがあります。

　エンタメ系に寄ったジャンルであれば、「○○した結果wwwww」と「w」を連発することで大爆笑のオチが用意されていることを連想させることも可能です。

　少し異なる使い方として、健康系のジャンルなどでも「○○した結果」という切り口をうまく活用できることもあります。

　言い方を少し変えて「こうなります」という表現で使われることも多いです。

> - コーヒーを毎日飲み続けた結果…… → こうなります
> - 納豆を毎日食べ続けた結果…… → こうなります

　などなど、日常の習慣に基づく結果を「こうなります」という言葉を使い、過程をごっそり省いた形をサムネイルで表現すると、自分ごとと捉えた時に健康になるのか？それとも不健康になるのか？とオチとしての結果が気になる状態を作ることができるのです。

　さらに検証系とも相性が良く、「1ヶ月マックを食べ続けた結果」「毎日30回腹筋をした結果」など、いろいろなジャンルで応用可能です。

> オチの部分である程度の面白さやギャップを担保できるのであれば、どんな企画にも活用できる汎用性の高い切り口でもあります。

　意外性も含めてオチの部分に視聴者満足を引き出せる可能性を見出した時には、一度使ってみても良い切り口だと思います。

切り口
▶ 028

〈存在(実在)しない〉

アインシュタインが驚いた量子力学が明かす真実
―この世界は実在しない?【宇宙の真理】

宇宙の真理
チャンネル登録者数 3.09万人　12本の動画

---

https://www.youtube.com/watch?v=tGJylLg83JE

98万回再生

再現性　★★★　　難易度　★★★　　応用性　★★★

©宇宙の真理

「存在（実在）しない」という切り口には一種のミステリー要素を含む価値を視聴者にイメージさせることができます。**常識的に存在すると思われるものが実は存在しなかった**という、不思議な雑学が面白さとして演出される形となります。

- 普段当たり前に思っているもの
- 学校で習ってきた常識的なもの
- 実際に経験したり、見たりしてきたもの

このような価値観をひっくり返すことで、以前お伝えした「突き抜けた要素」がサムネイル/タイトルで演出されて興味を引きつけます。

この切り口のポイントは一般的な認識として「ある」と思っているものを「ない」というテーマで相手に叩きつけることにあります。

この「意外性」が興味に変わり、動画を見るべき理由にまで至ります。仮に「幽霊は存在しない」などの曖昧なテーマでは「意外性」が作れないため、よほどの根拠を提示できない限り視聴者満足を引き出すことが難しいケースもあります。また、異なる表現方法として、未来予測から導く「存在の否定」が視聴者の高い反応を獲得できることもあります。

- 10年後に存在しない職業
- 100年後に存在しない国

などなど、切り口の使い方としては多岐にわたります。この他にもいくつか事例がありますので次のページでご紹介していきます。

常識的に認識しているもの × 存在しない

時間は存在しない！9割が知らない「時間」の本質！

https://www.youtube.com/watch?v=vEGZBfDQhQU

眠れなくなる宇宙解説ch

42万回再生／拡散率：約12.1倍

慣れ親しんでいるもの × 存在しない

【検証】現実世界で最も多い東方キャラの苗字は○○【前編】

https://www.youtube.com/watch?v=LGso5a1XfX0

とらまる

60万回再生／拡散率：約10.2倍　　制作：とらまる

> 第2部　100万回再生狙える企画＆切り口100選

【離島のパチンコ屋】ネットに情報が存在しないパチンコ屋に潜入【狂いスロサンドに入金】ポンコツスロット392話

https://www.youtube.com/watch?v=miOAg4WfNCQ

ポンコツのサンドに入金

152万回再生／拡散率：約6.1倍

「**存在（実在）しない**」は汎用性が高い切り口とまでは言えませんが、このように様々な訴求の仕方が可能になっています。

昔から都市伝説に一定のニーズがあるように、雑学の中でもミステリー要素は需要が高いです。そのミステリー要素を「存在しない」という切り口で、わかりやすく興味を最大化させることもできます。

> 芸人が自身の仮説をプレゼンするテレビ番組で「〇〇存在しない説」という企画を皆さんも一度は見たことがあるかもしれません。

この企画のウケが良いのも、この切り口に面白さが潜んでいる一つの根拠にもなるかと思います。

切り口
▶ 029

〈なぜ〇〇なのか？〉

中東の油田で石油が大量に採れる理由
【ゆっくり解説】

ジオグラ【地理のゆっくり雑学】
チャンネル登録者数 8.24万人　31本の動画

https://www.youtube.com/watch?v=5e-aZm9Ah8M

73万回再生

再現性 ★★★★　難易度 ★★　応用性 ★★★★★

「なぜ○○なのか？」は汎用性が高く非常にシンプルな切り口です。そしてお題となる企画のテーマや他の切り口との親和性を作って初めて効果が出る切り口でもあります。

最もオーソドックスなのは**「素朴な疑問」**と組み合わせることです。シンプルながらも好奇心を誘発させる力が非常に強くなります。

> 「素朴な疑問」×「なぜ○○なのか？」

この「素朴な疑問」のテーマが多くの人の「共感」を得られるものであればバズに繋がる可能性が高くなります。言われてみればなぜだろうという感情を引き出すことで、シンプルな切り口でも成立します。

> - なぜチリはあんなにも細長い国なのか？
> - なぜ西欧と日本だけが繁栄したのか？

などなど、普段意識しないものの「言われてみれば気になる」というお題を設定することが、かなり重要となる切り口です。その他にも「強い悩み」に対して問いを投げかけることで、解決策を知りたいという需要を取り込むことも可能です。

> 「強い悩み」×「なぜ○○なのか？」

例えばゴルフで上達する過程で初心者がぶち当たる壁だったり、仕事や家庭でうまくいかないなどの悩みが絶えないポイントだったり。悩みに対する「共感」をうまく引き出せるお題であれば、その悩みに対してストレートに問いかけるだけで成立します。

非常に汎用性の高い切り口なので、積極的に活用してみてください。

拡散率
約 **351** 倍

切り口
▶ 030

〈〇〇するとどうなるのか？〉

【光速】体験　光速で移動するとどうなるのか

Video Museum of Science ビデオミュージアム オブ サイエンス

チャンネル登録者数 4.5万人　11本の動画

https://www.youtube.com/watch?v=YG8VT1vzKzg

1586万回再生

再現性 ★★★　　難易度 ★★★★　　応用性 ★★★★

©南国三五 Video Museum of Science

> 第 2 部 　100 万回再生狙える企画 & 切り口 100 選

　こちらも一種の問いかけによる疑問で視聴者の反応を獲得する切り口。029 の「なぜ〇〇なのか？」という切り口よりもより「IF 要素」や「検証」の側面が強い切り口です。

- 刑務所に入るとどうなるのか？
- 核戦争が起こるとどうなるのか？

　などなど、素朴な疑問と組み合わせても相性が良いです。ご紹介している事例は運営者の方の独自の解釈で、光の速度を「体験」するというシミュレーション要素を含むことで価値を生み出しています。ブログなどの文字媒体では難しい動画ならではの「体験」という付加価値が非常に勝っていると考えられます。

　「IF 要素」であれば主に科学や宇宙などの分野と相性が良いと言えますが「検証」や「想定」を含む「結果」を意識させるものであれば、日常生活におけるお題でも多く使われます。

- コーヒーを飲み続けるとどうなるのか？
- タバコを吸い続けるとどうなるのか？

　この辺りはシンプルな例ですが、お題としては非常に汎用性が高いです。想定を含むものであればあらゆるお題で活用することもできます。災害や事故を想定して警鐘を促すような切り口にすることも、規模が大きいものであれば「終末」を意識させる雑学としても成立します。

> **ワンポイントアドバイス**
> シンプルな切り口ゆえにお題そのものや、動画のクオリティも重要なので、中身の質においても追求してください！

切り口
▶ 031

〈○○の理由〉

日本の侍が盾を使わない理由とは？
世界が恐れた『日本刀』の秘密

ガクの本棚
チャンネル登録者数 15.8万人　224本の動画

https://www.youtube.com/watch?v=GAjcJAZLKh8

231万回再生

再現性　★★★★★　　難易度　★★★　　応用性　★★★★★

こちらも非常にシンプルな切り口で、お題に対しての「理由」が雑学要素として成立します。切り口はシンプルになればなるほど使いやすいですが、**企画としてのテーマそのものが重要になってきます。**そのテーマに「気になる要素」や「需要」がなければ、思ったように伸びないことも多いでしょう。

事例でご紹介している「侍が盾を使わない理由」というお題も複数チャンネルで特大バズを連発している、いわゆる**「鉄板ネタ」**に分類されるもの。その中でも視聴者満足をしっかり引き出せている本動画が飛び抜けて再生されていきます。

「〇〇の理由」という切り口は、単品で使用しても問題ないですが、直近でご紹介してきた切り口と組み合わせて**「補完関係」**を作ることも可能です。

〈サムネイル〉　　　　　〈タイトル〉

「なぜ〇〇なのか？」　→　「〇〇の理由」

「〇〇は存在しない」　→　「〇〇が存在しない理由」

順序は逆でも問題ありませんが、仮に左側をサムネイル、右側をタイトルに設定してそれぞれ**「サムネイル／タイトルの補完関係」**を作ると綺麗に繋がることも多いです。

一般的にほとんどの人は「サムネイルを見てからタイトルを見る」という流れになるかと思います。そのためサムネイルで疑問や共感を作ってタイトルで補完する。この場合はサムネイルの疑問が解決できるかもしれないと、タイトルの「理由」という一言でイメージさせる形になります。

この**補完関係を意識してサムネイル／タイトルを作る**ことを試してみてください。

拡散率
約 3.2 倍

切り口
032

〈誰も使わない〉

東京→大阪を誰も使わない"超豪華"ルートで
移動してみた！

西園寺
チャンネル登録者数 58.3万人　753本の動画

https://www.youtube.com/watch?v=6grw9MMIhVw

189万回再生

再現性 ★★　　難易度 ★★★　　応用性 ★★

第2部 100万回再生狙える企画＆切り口100選

　一般的には**「有益性」**のあるものに対して価値が高いと感じる方は多いと思います。しかし逆に**「誰も使わない」**ような無価値に見えるものが、動画コンテンツとしては逆にエンタメになることもあります。
　さらに**「誰も使わない」**ようなレアなものや特殊なものも、なかなかお目にかかれないという意味で価値が生まれてくるのです。

> 　一見価値がなさそうなものだったり、一方に突き抜けたりする結果は切り口として優秀であることも多いです。無価値に近い表現として「最弱」「ザコ」「不遇」「0（ゼロ）」なども強い反応を獲得することができます。

　主に交通系のルートやゲーム系と相性の良さそうな事例が多く確認できますが、お店や施設、道具や商品などにも応用は可能だと思います。

中途半端なものを誇張して強く見せるよりは、圧倒的に弱く見せた方がエンタメとしての興味を引くことも多いので、その視点は覚えておくといいでしょう。

　基本YouTubeは**「暇つぶし」**で見られていることが多い媒体。各種SNSもビジネスで活用する以外は「暇つぶし」で使われることがほとんどです。そもそも雑学というジャンルも無駄と言えば無駄ですから。
　とは言え、視聴者は時間を無駄にしたい訳ではなく「有意義な暇つぶし」がしたいのです。**タイムパフォーマンスとして有意義だったかどうか**は視聴維持率やいいね・コメントなどのアクションである程度判断できます。しっかり有意義な時間を過ごせそうだと思ってもらうために、まずは入り口のサムネイル／タイトルを何度もブラッシュアップ（磨き上げ）していきましょう。

切り口
○ 033

〈クイズ＋選択肢〉

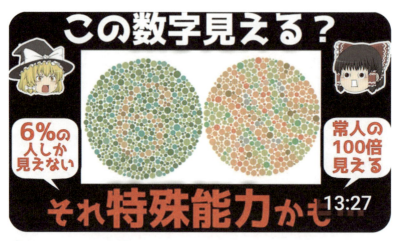

【ゆっくり科学】たった6％の人しか持っていない
「4色型色覚」あなたはある？

ヘンリーのゆっくり解説
チャンネル登録者数 17.8万人　281本の動画

https://www.youtube.com/watch?v=XITaJ3J1-m8

529万回再生

再現性 ★★★　　難易度 ★★★★　　応用性 ★★

第2部　100万回再生狙える企画＆切り口100選

　YouTubeのサムネイルは一枚の画像で様々なことが表現できます。延々とおすすめされ続けるショート動画と違って、どの動画を見るべきか事前に視聴者が「選択」する側面が強いということでもあります。
　その中でも一枚の画像の中で**「遊べる要素」**や**「チャレンジ要素」**があると、これまでご紹介してきたワードで訴えるような切り口とはまた違った表現をすることも可能です。

> 　ご紹介している事例では「視覚」に関わる「チャレンジ要素」を作っています。さらに見える人には「自己肯定感のアップ」という付加価値。見えない人には「不安と再挑戦」の感情を引き出してクリック率を高める工夫が施されています。

　視聴者が画像一枚で視聴すべきかどうか判断する際に、その画像において視覚に対するなぞなぞ遊びや脳の錯覚による不思議な体験などを演出できると高い反応を獲得できることも多くなります。

難点としては応用できる範囲がそこまで広くない点と、一枚の絵としてクオリティの高いデザインでしっかり見せる必要があるということ。

　ワードで感情を引き出す付加価値も重要ですが、**視覚的に見る画像そのものを魅力的に表示させることが最低条件**です。
　日本は海外と違ってワード訴求によってサムネイルを作り上げる文化があるとお伝えしました。しかし、当然ですが視聴者が面白そうだと感じる絵（画像）に対する工夫も最大限高めなければなりません。
　これはどのジャンルでも言えることですので、全てにおいて手を抜かず、魅力的な絵と感情を揺さぶるワードをセットで考えてください。

拡散率
約 **8.7** 倍

切り口

034

〈 ランキング or ◯選 〉

カーショップで洗車用品を買うならまずは揃えたい
洗車グッズ七選【洗車屋おすすめの初心者入門】

ながら洗車チャンネル
チャンネル登録者数 14.8万人　203本の動画

https://www.youtube.com/watch?v=LWSu6l2rX34

130万回再生

再現性　★★★★★　　難易度　★　　　応用性　★★★★★

このカテゴリーの最後にあえて超初歩的な切り口である**「ランキング or ○選」**をご紹介します。今までの切り口紹介はちょっと難しく感じたという方は、まずこの企画から練ってみると良いでしょう。

> 日本人はとにかくランキング好き。他人の評価を気にする国民性ゆえのカルチャーとも言えます。近いものとして口コミなどを非常に気にする側面もあり、これは**当事者ではない第三者が発信する情報を信じやすいという「ウインザー効果」**がもたらすものでもあります。

さらにここにはもう1つユーザーが価値を感じるポイントが存在します。それが「網羅性」というもの。**網羅性とは言葉の通り、それ1つで多くの要素が網羅されていることを表す言葉。**ランキングの他に「○選」という表現はこれにあたります。

一度に多くの情報を仕入れたい、より多くの情報が手に入れば漏れがなくなる、などの価値が網羅性によって演出されます。バラバラの情報を自分で集めるよりも、**誰かがまとめてくれた情報を一気に見たほうが迷いもなくなる**ので、それを演出すればするほど価値も高まります。

あとはその他の切り口を組み合わせて使うことで相乗効果が生まれるのです。

> - あまり知られていない○○ランキング
> - 絶対に真似したくなる○○〈○選〉

などなど、切り口の組み合わせは多岐にわたります。

非常に初歩的な切り口でありながら一定の価値を担保できるので、初心者の方はまずはこれで肌感を掴んでみるのもアリだと思います。

5

不幸の喜び
（シャーデンフロイデ）

皆さんも一度は他人の不幸を喜んでしまったことはありませんか？
　自分より下がいることに安堵したり、自分より不幸な人を見て少し安心するなど。他人の不幸は蜜の味、と昔から言われたりもしますからね。

　これを感じたあなたが卑屈な人間というわけではなく、心理効果として他人の不幸を喜ぶ感情を「シャーデンフロイデ」と呼びます。誰もが皆持っている感情とも言えるわけです。

　動画コンテンツとして考えた時に、不幸を演出する切り口はそれだけで人の興味をそそる可能性が高いということです。
　このカテゴリーではそんな切り口をいくつか紹介していきます。

切り口

○035

〈悲惨な現実〉

[アメリカ生活]日本人と違いすぎるアメリカ人の国民性（移住してからアメリカ人のイメージが変わった..）｜アメリカ人妻が最高のカツ丼作る｜アメリカのお祝いカード文化

地獄海外難民ch

チャンネル登録者数 9.05万人　94本の動画

https://www.youtube.com/watch?v=tLd3lQHSjvA

98万回再生

再現性 ★★　　難易度 ★★★★　　応用性 ★★★★★

日々の生活の中で誰しもが小さな不安や不満を抱えて生きていると思います。その中で極限の状態や理想とかけ離れたギャップに苦しむ描写は、**他人の不幸を蜜の味として演出**することも可能です。

- 憧れの海外生活が実は地獄だった
- 理想のFIREと思ったら悲惨な状況だった
- 差別された人々を可哀想と思いつつ自分の現状に安堵する

　などなど、応用性は幅広いです。今回は切り口を**「悲惨な現実」**としていますが、キーワードとして「現実」という二文字だけでも実はネガティブな印象を与えることが可能です。サムネイルやタイトルに使用した際は「現実」というワードが、多くの確率で「理想と現実」の理想というワードをくっつけて連想する人が多いためでもあります。

　この切り口を演出するためのポイントとしては**「ギャップ」をうまく活用するとさらに良いです。**そのギャップの開き具合や落差の度合で調和がとれると、視聴者の興味を強く作ることも可能です。

- かつて栄華を極めた〇〇の凋落
- 華麗な客室乗務員から〇〇の状態へと転落
- タワマン暮らしから一転→風呂なし木造アパート暮らし

　などなど、転落模様などを演出することで高い反応を作ることもできます。その他の応用として、上位の存在になれたと思いきやまわりの人が強すぎて逆に底辺を彷徨う、など様々な展開も可能です。

ワンポイントアドバイス
ストーリーにギャップと面白さを演出して活用しましょう！

133

切り口
● **036**

〈ボロボロの〉

【漫画】俺は服屋の店主なんだが隣の人気ショップの女店主が俺を見下す「廃業寸前ねw」→ある夜ボロボロの男性が来店し、困っていたので助けたら店が大繁盛し…【マンガ動画】

セカイノフシギ
チャンネル登録者数 85.6万人　2019本の動画

https://www.youtube.com/watch?v=DrzpR0hwjhw

82万回再生

再現性 ★★★　難易度 ★★★★　応用性 ★★★

悲惨な状況や見下す要素として様々な感情を引き出すことができるのが、この「ボロボロの」というワード。みすぼらしさを非常にわかりやすく伝えてくれる表現です。

日本語はこのようなカタカナ表現で描写としてのイメージを膨らませる言葉が多く、視聴者の感情を引き出す上で非常に効果的です。

- ボコボコ → メッタ打ちにされて悲惨な状況
- バキバキ → 破壊描写や突き抜けた様子を伝える表現
- キレッキレ → 俊敏さ頭の回転が群を抜いてすごい様子

などなど、様々な表現が存在します。その中で「ボロボロの」という切り口は、YouTube においては「底辺からの逆転」のストーリー展開で使われることが多いです。先ほどの035〈悲惨な現実〉という切り口とは展開の仕方が逆ということです。

- 夜勤明けの帰り道にボロボロのヤンキーJKがいた→心配で助けた結果
  https://www.youtube.com/watch?v=IZapCKj73DY

このような使い方であれば「不幸の喜び」よりは「スカッと」要素や「感情移入」要素の方が強いです。

- 悲惨な現実 → 理想からの転落や地獄
- ボロボロの → 底辺からの理想や天国

自分で切り口を使用する際は、視聴者にどういう面白さを感じてもらうか？という部分まで考えて切り口を工夫すると良いです。

拡散率
約 **3.8** 倍

切り口
▶ **037**

〈解雇・クビ・リストラ〉

懲戒解雇になりました
15:41

所属していた運送会社を解雇された件について
【ご報告があります】

綾人サロン
チャンネル登録者数 32.9万人　1302本の動画

https://www.youtube.com/watch?v=oBmLWniv1Pg

129万回再生

再現性 ★★★　　難易度 ★★★　　応用性 ★★★

136

解雇規制が労働者に有利な日本において**「解雇・クビ・リストラ」はかなり強いネガティブワード。**自分であればそんな状況には絶対なりたくないですよね。しかし、他人の話ならば別。まさに他人の不幸を思わず興味本位で見てしまう代表的な切り口の一つ。

自分の話として動画化するには、再現性として実際にクビにならない限り難しいとは思いますが、他人の話や事例として共有することも可能です。

> 極論を言えば自分の話でも「フィクション」として演出するという手段もあります。

「フィクション」については一見「嘘」とも捉えられるものなので、人によっては賛否が分かれるとは思いますが、**YouTube上でも実はフィクションは多く存在します。**

一見リアルに見える偶然の出来事も、事前に手配など準備した結果のものであったり、離婚、極貧、トラブル含め不幸な状況をフィクションで作っているケースもそこそこあります。

しかし本気にするユーザーにバレた時の反動を考えると、取り扱いには注意も必要です。

この他にもキャラクターやいなくなったものに対して「解雇・クビ・リストラ」という切り口を使うことで強い反応を作れることも多いです。**消えてしまった経緯やなくなってしまった原因**などが、視聴者にとっては面白いポイントとして価値が生まれます。

この場合は「不幸の喜び」より「雑学としてのエンタメ」要素となるので、視聴者が反応する感情の引き出され方が異なります。

同じワードでも扱う題材や表現方法によって訴求ポイントが変わりますので、その辺りも意識しながら活用してみてください。

拡散率
約**7.5**倍

切り口
● 038

〈○○の末路〉

【漫画】気づいたら37歳になっていた女の末路【オンナのソノ】

オンナのソノ
チャンネル登録者数 17.4万人　836本の動画

https://www.youtube.com/watch?v=IMsNWGY7VXU

131万回再生

再現性　★★★★★　　難易度　★★　　応用性　★★★★★

シャーデンフロイデの代表的な切り口がこの**「〇〇の末路」**という表現。オーソドックスではありますが応用性が非常に高く、動画の切り口としてはもちろん、チャンネルのコンセプトにまで使える汎用性が高いワードです。

> **「末路」というたった二文字で「不幸な現実」にやがて直面するという結果をイメージさせてくれます。**それゆえ「不幸の喜び」を視聴者に伝える上で非常に便利な言葉。どのジャンルや形式でも相性が良いので扱いやすい切り口です。

　一方でその扱いやすさから多くのチャンネルで取り入れられている切り口でもあるので、お題を選ぶセンスや動画の中身としてしっかり面白い内容を作ることも重要です。もちろんこれはこの切り口にかかわらず全てに対して言えることですが……。
　「末路」を演出するパターンも様々な形で存在します。ただ不幸な現実を伝えるだけでなく、**プラスαの要素もしっかり考えて組み合わせると良いです。**

> 〈勧善懲悪系〉
> ● 転売ヤーの末路　● 道徳ゼロの末路　● 迷惑系〇〇の末路
> 〈見下し要素系〉
> ● 一生アルバイトの末路　● 特定の職業の末路　● 〇〇依存症の末路

　などなど、細かいお題によっては引き出す感情が若干変わったりもしますが、どこに視聴者が楽しんでくれる要素があるか、切り口を扱う自分自身がしっかりと理解しておく必要もあります。さらに**「ギャップ」演出**を意識してサムネイルで表現することも忘れないでください。

切り口
・039

〈〇〇（期待）なのに〇〇（現実）〉

都会に存在するのに人気の少ない寂しい駅を
まとめてみた【ゆっくり解説】

ゆっくり鉄道博物館
チャンネル登録者数 17.3万人　659本の動画

https://www.youtube.com/watch?v=tP5M__g_MlU

76万回再生

再現性 ★★★　　難易度 ★★　　応用性 ★★★★★

第2部 | 100万回再生狙える企画＆切り口100選

　これは038の最後にお伝えした**「ギャップ」の要素をうまく表現した切り口**です。その補足の意味合いでもここでご紹介するのですが**「期待されるイメージ」**と**「実際のイメージ」**のギャップを表現することで、視聴者に「なぜ？」という感情を作り出します。

　これはどういうことかと言うと、事例でご紹介している切り口の「都心なのに閑散」で見てみましょう。

- 都心 → 多くの人が持つイメージ → 人が多くて賑やか
- 閑散 → 多くの人が持つイメージ → 人気(ひとけ)がなく寂れている

　本来「期待」される従来のイメージとは異なる「現実」が存在するというギャップ。これに「なぜ？」という興味の感情を作り出す切り口です。例えばこの他にも、

- 【本当にモテない男】やる気はあるのに結婚できない理由5選
  https://www.youtube.com/watch?v=AJ3BokIMfy4
  58万回再生 / 拡散：率約5.4倍

　やる気はあるのに結果が伴わないのは「なぜ？」という、理想と現実のギャップがエンタメ性や役に立つ情報として興味を作ります。不幸の喜び・シャーデンフロイデとは少し訴求部分が異なる部分ではありますが、「上げて→落とす」という要素をうまく使うことができれば、優秀な切り口として成立することが多いということです。

> **ワンポイントアドバイス**
> 皆さんが普段リサーチなどで触れたサムネイルで「上げて→落とす」表現を見た時は、今回の話を思い出してみてください！

141

6

アンダードッグ効果

「アンダードッグ効果」とは、一言で言うと「負けている方を応援したくなる」という心理効果を指します。同情を誘う環境が応援に繋がるというイメージです。

　アンダードッグの意味としては負けが確定している「負け犬」というより、まだ敗北が決定していないが圧倒的な弱者。かませ犬のような状況や勝ち目の薄い人やチームとしての意味があります。

　この心理効果を利用して何者でもない自分に「応援されるキャラクター」を付与したり、視聴者の興味を作る切り口やコンセプトを付与したりすることも可能となります。

切り口
▶ 040

〈見下し要素 × 強い共感〉

【失恋】絶対脈アリだと思って告白したのに
フラれたんだけど恋愛ムズすぎ【社内恋愛】

人間らしく生きるこいぬの日常
チャンネル登録者数 9.06万人　421本の動画

https://www.youtube.com/watch?v=au_wvkZ0g7I

100万回再生

再現性 ★★★★　難易度 ★★★　応用性 ★★★★

アンダードッグ効果の切り口は、前項で紹介した不幸の喜びを表現するシャーデンフロイデ効果と少し似ています。**不幸を切り口として表現する上では近いものがあるのですが、その中に「強い共感」が伴うかどうか**がポイントとなります。

シャーデンフロイデ効果には一種の**「ヤジ馬要素」**が含まれます。興味本位で見たくなる要素になりますが、アンダードッグ効果にはそこにプラスαの共感要素が加わって視聴者の心を動かすポイントが存在しているケースが多いです。例えばですが、

- 30代（40代）独身女のリアルな私生活
- 借金を負ったダメ人間だが必死に生きようとする姿

などなど、YouTube上にも上記の切り口やコンセプトで伸ばしているチャンネルは多く存在します。視聴者の共感が演者への応援やファン化に繋がったり、コミュニティとしての拠り所になったりします。

人を惹きつけるのは何も飛び抜けた才能やキラキラした側面だけではないということです。**弱さもまた魅力。**

例えばインスタなどでは昔から自分がどれだけ充実しているか表現したり、派手な私生活で興味を引くようなものが多かったと思いますが、アンダードッグ効果を活用した切り口はその逆。

弱いことがむしろ強み。本書を読んでいる方の中には体や心にコンプレックスを抱えている人もいらっしゃるかと思います。

強いコンプレックスは一見自分の弱点に見えますが、実は個性としての「強み」に変換することもできるのです。人が持つ弱さも切り口をうまく扱うことで、強みに変わることをここで覚えておいてください。

拡散率
約 32.5倍

切り口
▶ 041

〈女性×ぼっち〉

女ひとり
ネカフェ宿泊

【快活クラブ】女ひとりでネットカフェに泊まってみた【鍵付き完全個室】

れなのひとり歩き
チャンネル登録者数 1.66万人　45本の動画

https://www.youtube.com/watch?v=2Ekp491vA0w

54万回再生

再現性 ★★　　難易度 ★★★　　応用性 ★★

「ぼっち」とは独りぼっちの略であり、孤独感を演出するキーワード。遊ぶ友達もいない。飲みにいく友達もいない。お昼ご飯を一緒に食べる人もいない。そういう状態をこの「ぼっち」という三文字で表現する一種のスラングになります。

「独りぼっち」と聞くとネガティブなイメージがありますが、私個人の見解として現代ではこの「ぼっち」に対する価値観は変化してきており、強い共感を得ることができると思っています。

まわりと同じ意見や行動を求める同調圧力が強かった昭和から、若い世代を中心に個人の考えや個々の価値観を重視するようになった令和に変わったことで、多くの共感を獲得できる状態になったのでしょう。

しかし、今回の**「女性×ぼっち」**の切り口は今お伝えした「共感」とは少し異なるパターン。応援したい・見守りたい・自分が寄り添いたい、などなど、相手がぼっちであるがゆえに、視聴者自身がその「空白」を埋めたいという感情を呼び起こすことができるということです。

「ぼっち」という状態を弱者としての演出と考えるならば、そこには「隙」が生まれ「空白」が存在している状態となります。
その隙や空白が視聴者に自分の居場所として認識してもらう効果などを発揮したりもするわけです。このような視聴者が埋めたいと思う「空白」を作ることはファン化をする上でもかなり重要だったりもします。

> ワンポイントアドバイス
>
> ちなみに〈女性×ぼっち×ネカフェ〉はYouTubeでも割と鉄板ネタとして存在していますので、ぜひ一度自分でリサーチしてチェックしてみてください！

切り口
042

〈初心者の成長〉

【激変】1年で100切りを目指すゴルフ初心者の成長

ゴルフるくんTV

チャンネル登録者数 2990人　104本の動画

https://www.youtube.com/watch?v=UVURppfy5bw

118万回再生

再現性 ★★★★　　難易度 ★★★★　　応用性 ★★★★★

第 2 部 | 100万回再生狙える企画＆切り口100選

何かにチャレンジをしようと思った時。現時点での自分の力の無さに皆さんも絶望した経験が一度はあるでしょう。初心者の自分には到底無理だ……なんて諦めてしまったこともあると思います。

しかし、弱者には弱者なりの、初心者には初心者なりの戦い方があります。

> 初心者にしかできない切り口として、弱者が挑戦する過程や成長の様子が一つの切り口として価値を感じさせるポイントにもなります。

まさにアンダードッグ効果をうまく活用する切り口。初心者が過酷な挑戦に挑む姿をエンタメとして表現することも可能ですし、うまくなるまでの過程がハウツーとしての価値を生み出したりもします。

エンタメ寄りの企画であれば、**視聴者に勇気を与えたり、強い共感を引き出して感動を与えたりすることが可能です。**また、ハウツー系であれば、**初心者の状態からどうやって抜け出すのか**を具体的な手法として見せることで高い価値を感じてもらうことができます。

ただ、この切り口の注意点として覚えておいてほしいのは**「振れ幅」が必要である**ということ。例えばですが、

- 完全初心者が〇〇を400時間ぶっ続けたらどうなるのか？
- ポンコツ状態 → 誰もが認める結果（比較表現）

などなど、初心者が中途半端なことをやっても興味を作る状態にはならず、ある程度の「振れ幅」が必要になるということです。

そういう意味では誰でもやる気さえあればできる再現性の高い切り口ではありますが、その分、難易度も高い切り口になります。

拡散率
約 **1.8** 倍

切り口
043

〈弱者 × 過酷な環境（絶体絶命）〉

ど素人が大赤字のリゾートホテルを再建します

ど素人ホテル再建計画
チャンネル登録者数 4630人　97本の動画

https://www.youtube.com/watch?v=wLNNuuqentM

8576回再生

再現性　★★★　　難易度　★★★　　応用性　★★★★

この切り口のコンセプトの難易度はそこそこありますが、うまくハマれば鉄板級の伸びを作ってくれる可能性を秘めています。ポイントは**「弱さの掛け算」**が存在しているという点です。

> 弱いものと弱いものを掛け合わせると爆発的に強くなる、というアンダードッグ効果を最大限高めた破壊力のある切り口です。

その第一人者がTikTokでも超人気のど素人ホテルさん。彼のコンセプトはど素人が大赤字ホテルを再建するストーリーを見せるというもの。**「ど素人＝圧倒的弱者」**と**「大赤字ホテル＝圧倒的に弱い状態」**の掛け算。まさに弱いもの同士を掛けて強いコンセプトにするという切り口です。弱者が絶体絶命の状態からどう這い上がるのか？　そのストーリーがアンダードッグ効果として視聴者の強い興味を引きます。前項で紹介した「初心者の成長」も同じですが、これらの切り口には**「プロセスエコノミー」**も存在しています。

> プロセスエコノミーとは、生み出す過程（プロセス）そのものが利益に繋がるという考え方です。マーケティングとして商品ができるまでのプロセスをストーリーとして発信することでファン化を促す手法。デビュー前のアイドルをオーディションの段階からコンテンツにする番組などもこれに近いかもしれませんね。

このように弱さの掛け算やプロセスエコノミーを切り口としてうまく活用することで、様々な応用も可能となります。

コンプレックスや環境と掛け合わせたり、その他いろいろなパターンがすでにYouTube上にも存在していますので、ぜひご自身でもリサー

チして見つけてみてください。

ここで一度切り口の効果的な使い方について補足しておきましょう。チャンネルや動画における切り口の使い方には大きく分けて2つあると考えています。

- チャンネルのコンセプトとして設定する
- 動画単体のサムネやタイトルで興味を作る

このコンセプトとして切り口を設定する部分においてわかりやすいのは、前ページでご紹介したど素人ホテルさんの例です。非常に細かく練られた設定ではあると思っていますが、あえて簡単に紐解くと以下のような構図になると考えます。

弱さの掛け算 × プロセスエコノミー ＝ 強いストーリー性

上記のような構図で強いコンセプトを作り出しています。動画単体の切り口の前に、チャンネルのコンセプトとしての強さがしっかりと作られているということです。

このように人々が思う面白い要素「需要の掛け算」でコンセプトの切り口を作ることを意識すると、差別化された強いポジションを捻出できます。

そしてそのコンセプトのフォーマットが優秀であった場合は、それを応用した「横展開」も可能となります。横展開とは基本の構図を維持しながら題材やテーマを変えたりして、視聴者が求めるコンセプトを維持しつつ多方面に展開していく手法です。

第 2 部　100万回再生狙える企画 &
切り口 100 選

　事実、ど素人ホテルさんがプロデュースするアカウントは半年以内にYouTubeで銀の盾を獲得するなど異例の速さで実績を積み重ねています。

- **パリピの廃墟ホテル生活**
  https://www.youtube.com/@paripi_hotel
  チャンネル登録者 17.9 万人

- **毎日100g痩せていくデブ**
  https://www.youtube.com/@100g_diet
  チャンネル登録者 13.6 万人

　これらのチャンネルも動画の中身や演者の方が素晴らしいことは言うまでもありませんが、初期設計の段階で強いコンセプトによる切り口で視聴者の興味をしっかり確保していることも大きいです。
　本書では主にサムネイルやタイトルについての切り口を中心にご紹介していますが、そもそも動画が集まる場所としての**チャンネルのコンセプトがしっかり練られた状態であるかどうか**も意識してみてください。

- テーマ性のあるコンセプト
- ターゲットを意識した戦略
- 視聴者が求める企画の数々

　上記の基本事項をしっかり押さえた上で、動画単品ごとの興味を引く切り口を最大化すると、ミリオン連発も夢ではない強いコンテンツを作ることができます。
　考えることが多くて大変と思うかもしれませんが、それに見合うリターンを YouTube は与えてくれるので、諦めずにチャレンジしましょう。

7

緊急性と秘匿性

「緊急性」とは「即座に対応を求められるもの」という意味です。YouTube で言えば「今」見ておく必要があると入り口の時点で訴えかけることで興味を作る形となります。

「秘匿性」とは、「第三者に知られることのない秘密の情報」という意味を持ちます。
　YouTube で言えば「ここでしか聞けない話」という演出を切り口に付与することで興味を作る形です。

　このカテゴリーではこれらをサムネイルやタイトルでうまく扱う方法をご紹介していきます。

拡散率
約 3.5 倍

切り口
● 044

〈本音暴露〉

【男子の本音】普段女の子に対して思ってること募集したらエグすぎた…女子のみんな心の準備できてる?

きりまる
チャンネル登録者96.1万人　368本の動画

https://www.youtube.com/watch?v=MEfum-pTqCU

355万回再生

再現性 ★★★★　　難易度 ★★　　応用性 ★★★★

今回ご紹介する**「本音」**というキーワードには**「秘匿性」がポイントとして含まれています**。特に建前や一歩引いて空気を読む文化が強い日本においては「本音」というだけで、普段は表に出てこない「秘匿性」があると感じさせることが可能だと私は考えています。

皆さんも友人や恋人から改まって「じゃあ、本音で言うわ」と伝えられたらドキッとしますよね？ 禁断のパンドラの箱が開かれるような感覚。それが視聴者の興味を誘います。

> これは自分の本音でも構いませんし、他人の本音を
> 紹介する形など、どちらでも企画としては成り立ちます。

扱う題材によって変わるというだけです。タイトルの例としていくつか上げると、

- 【本音暴露】政治家の本音に一同驚愕
- 【ブチギレ】本音で思ってること全部ぶちまけました
- 日本に初めて来た外国（特定の国）人の本音がヤバすぎた

などなど、**この動画でしか見れない「秘匿性」を切り口で演出する**ことで、視聴者の興味を誘います。

全ての切り口に言えることですが、サムネイルのタイトルだけを強化しても内容が面白くなければ数字は伸びません。視聴者の満足度は視聴維持率を筆頭にあらゆる指標で YouTube 側に評価されています。

「本音」という秘匿性を演出しながら、人間が隠し持つ心の裏側をエンタメとしてしっかり昇華させる中身を作り込むことが重要です。もし企画の素材に赤裸々に語られる部分や感情剥き出しの意見がポイントとして存在している時は、この切り口を使用してみると良いかもしれません。

切り口
● 045

〈〇〇までに見てください〉

1学期中間テスト前日までに見てください。

ブレイクスルー佐々木

チャンネル登録者数 118万人　828本の動画

https://www.youtube.com/watch?v=ClK3rH0CTgE

198万回再生

再現性 ★★★　　難易度 ★★　　応用性 ★★★

この切り口は主に「緊急性」を訴求するパターンになります。あえてサムネイルやタイトルに「いつまでに見るべき」という期限を設けて相手に行動させる手法です。

- ◯学期中間テスト前までに必ず見てください
- 表示された1分以内にご覧ください

などなど、今行動を起こさなければならないという「緊急性」をしっかり伝えることで、クリック率として通常以上の反応を取れることがあります。

もちろんここには**「見るとどうなるのか？」というメリットも一緒に提示しておく必要があります。**「視聴するとテストで一番を取れるようになる」「幸せがすぐ舞い降りてくる」などなど、行動させるだけの理由もセットでしっかり提示してください。

逆に**「見ないとどうなるのか？」というポイントをセットで訴求するパターンもアリです。**本書でもすでに紹介している「損失回避の法則」と合わせて考えるパターンです。

今この動画を視聴しなければ最悪の未来が訪れる。損失やダメージを被る可能性があるなど**「緊急性」**と**「損失回避の法則」**を組み合わせることで、視聴者の興味を強く引きつけることが可能です。

ただし、この場合は相手を必要以上に煽る内容を連発したり、動画の中身で視聴者が期待していた価値を提供できなかったりした場合には、信頼性を損なう恐れがあります。

自分のチャンネルのターゲットをしっかり理解した上で、適切な使い方をしてください。

切り口
● 046

〈削除覚悟〉

【削除覚悟】日本が終わる前に見てください

TOLAND VLOG

チャンネル登録者73.4万人　428本の動画

https://www.youtube.com/watch?v=YecKlc5ZaFM

229万回再生

再現性 ★★★★　　難易度 ★★★　　応用性 ★★★★

「削除覚悟」という切り口。皆さんも一度は見たことがあるかもしれません。これは**「緊急性」と「秘匿性」が両方組み合わさった切り口**であると考えます。削除されるかもしれないというワードに「緊急性」が伴っており、今見ておかなければ今後視聴する機会を失ってしまうという感情を引き出すことができます。

さらに削除されるほどの重大な暴露があるのだろうか……という想像を掻き立てるものであり、そこに「秘匿性」を示唆させるポイントも存在します。

この「削除覚悟」というワードの切り口は YouTube だけではなく、X（旧 Twitter）などを含め、他のプラットフォームでも比較的よく使われています。ただし、扱う時にはそれこそ**一定の「覚悟」が必要な切り口**でもあると個人的には考えています。

削除されるほどの闇や危険性を抱えているというイメージを相手に連想させるため、それなりに入り口での**「期待値」は高く設定されます。**

しかし、蓋を開けてみれば無難な内容であったり、削除されるだけの暴露や秘密が存在していない場合は、それこそ視**聴者の「落胆」を呼び起こすリスク**もあります。

視聴者の期待値を超えた場合にはご紹介した事例のように大きなバズも生まれますが、削除を「覚悟」するだけの理由や内容を相手に理解してもらえるかどうか？というポイントも大事です。

ワンポイントアドバイス

切り口のワードを組み込むだけなら誰にでもできますが、今まで紹介してきた切り口も含め適材適所でしっかり設定していきましょう！

拡散率 約6.9倍

切り口
▶ 047

〈消される前に見てください〉

【ゆっくり解説】
お急ぎください。削除される前に見てください。

みんなのYouTubeアカデミア

チャンネル登録者7.25万人　591本の動画

https://www.youtube.com/watch?v=F6ADWyDS1pM

50万回再生

再現性 ★★★　難易度 ★★★　応用性 ★★★

©みんなのYouTubeアカデミア

046でご紹介した**「削除覚悟」**と非常に似ている切り口ですが、今回の事例は「緊急性」と「秘匿性」のバランスが若干異なります。**「消される前に見てください」**という切り口は「緊急性」の割合が高く設定されています。削除覚悟よりも**「消される前提で投稿している」というイメージを相手に強く抱かせるもの**となります。

このようにほとんど同じような意味合いの切り口でも、相手に与える感情が少し異なるパターンはたくさんあります。企画によって適材適所で切り口を使い分けるという考え方を持っておくことで、より効果的に切り口を活用するテクニックを習得できます。

では、その微妙な使い分けはどのように考えれば良いのでしょうか？

例えば、今回のように「緊急性」の割合を少し高める表現を扱う場合は**「トレンド要素」を強く含む場合に活用すると効果的**と考えます。

> トレンド要素とは**お題そのものに「鮮度」が求められる場合**のことを指します。今このタイミングだからこそ反応してもらえるネタの側面を持つということ。ご紹介した事例のように、コロナやワクチンなどの話題は、渦中にある時は強い関心を引くことができますが、その「旬」が過ぎれば興味の「鮮度」が落ちるお題です。

逆に言えばその「旬」を逃さないためにも**「鮮度」が高いうちに「緊急性」が高い表現で切り口を扱う**。それにより視聴者の反応を最大化させる可能性があるという形になります。

ただし、これも安易に使用すれば落胆や反感を買う「釣り要素」が高い切り口となりますので、乱用せずに適切に扱うべきでしょう。

拡散率
約 **8.1** 倍

切り口
048

〈本当は教えたくない〉

【有益スレ】本当は教えたくない...
効果がありすぎてビビったもの

ガルにゃんまとめ
チャンネル登録者数5.5万人　140本の動画

https://www.youtube.com/watch?v=ofDV1ncN2rU

44万回再生

再現性 ★★★　　難易度 ★★★★　　応用性 ★★★★★

047で切り口には似ているようでも微妙に異なる訴求が存在している、というお話をしました。そんな事例をいくつか紹介していきます。
「本当は教えたくない」 という表現には「秘匿性」が強く含まれています。ただ、これは**セットで「有益性」もしっかり確保しておく必要がある切り口と**なります。分かりやすく言えば以下の構図です。

> 秘匿性（自分 or 特定の人だけが知っている要素）× 有益性＝強い価値

「有益性」とは相手にとって何かしらの強いメリットを指します。テクニックだったり知識の場合もあれば、美味しいお店や特別なスポットなども含まれます。それらの一例として、

- 本当は教えたくない。現役プロしか知らないリコイルを消す超裏ワザ
  https://www.youtube.com/watch?v=3n1CkqX5XPU
  37万回再生／拡散率；約8.2倍

- 【本当は教えたくない】誰もマイジャグラーで勝てる方法
  https://www.youtube.com/watch?v=VBGPOdyfM64
  49万回再生／拡散率：約13.4倍

などなど、自分だけが知っている有益な情報をこっそり教えてあげる、という表現で視聴者の強い興味を作ります。この切り口を扱うコツとしては、**ありきたりな情報ではなく希少性の高い情報だったり、自身の経験に基づいたオリジナリティのある情報であることが望ましいです。**

さらに裏技要素を演出できそうな時は、この切り口の活用を検討していきましょう。

拡散率
約23.6倍

切り口
・049

〈誰も教えてくれない〉

【完全版】誰も教えてくれない
目立て(刃の研ぎ方)の全て【初心者向け】

ヨネチャン

チャンネル登録者3.33万人　56本の動画

https://www.youtube.com/watch?v=ij8GgnwivLw

79万回再生

再現性　★★　　難易度　★★★★　　応用性　★★★★

> 第2部 | 100万回再生狙える企画＆切り口100選

　こちらの切り口も048の**「本当は教えたくない」**という表現と似ていますよね。訴求するポイントも「秘匿性」という意味では一緒です。**ここは切り口の相性を考えてみよう、というパートです。**
「誰も教えてくれない」という表現にした場合、何かしら教えられない理由があると、相手にイメージさせる企画との相性が良くなります。

- 触れてはいけないもの（禁忌）
- 教えられる人が少ないもの

　などなど、割とマニアックな情報との相性が良いと考えます。事実、事例でご紹介しているようなチェンソーの使い方で75万回再生も取れてしまうのは正直驚きです。かなりマニアックな部類だと思いますので。
　とは言え、もちろんマニアックではない企画に対してももちろん有効です。例えば、

- 誰も教えてくれない膝の痛みを劇的に改善する方法
- 【保護者必見】誰も教えてくれない塾へ通うことの残酷な真実

　などなど、日常に起こり得る身近な企画でもしっかり活用することはできます。当然伸びている動画は中身においても視聴者の満足をしっかり引き出せていることが前提の話にはなりますが、同じような意味を持つ切り口でも、相性を意識することで、より効果的に活用できます。

> **ワンポイントアドバイス**
> 本書でも繰り返しお伝えしていますが、切り口を単純なワードとして覚えて使用するのではなく、その中に含まれる本質的な性質をしっかり理解しながら組み合わせて活用していきましょう！

167

拡散率
約 **12.3** 倍

切り口
● **050**

〈多分みんな知らない〉

【無料】『本当に役に立つ』"Web サイト" 19 選を発表していいかい？【ダウンロード不要】

ぷらぐら
チャンネル登録者数 19.8万人　94本の動画

https://www.youtube.com/watch?v=nFHPwsIuwW0

246万回再生

再現性 ★★★★　難易度 ★★　応用性 ★★★★

168

これも「秘匿性」をメインとする切り口ですが、ここでは「期待値のコントロール」を改めてしっかり習得してほしいと思います。

極論を言えばサムネイルやタイトルは、やろうと思えばいくらでも強くすることは可能です。単純に「誇張」しまくれば良いわけですから。

でも、皆さんもその「誇張」に騙された経験が何度もありませんか？

写真ではすごく美味しそうに見えるのに実物を見てガッカリしたりなど、入り口の期待値が高ければ高いほど、その期待値を回収できなかった時は大きな「落胆」を伴います。商品やサービスの場合はそれが金銭的なダメージとして失望に変わりますが、YouTubeの場合は「無駄な時間を過ごした」というダメージを視聴者に与えることになります。

いくら無料で視聴できるものとは言え、タイムパフォーマンスを重視する現代において、無駄な時間を過ごさせるということは、皆さんが思っている以上に罪深いのです。

ゆえに視聴者の期待に応える、という意識は必ず必要であり、それを動画のクオリティとして表現しなければなりません。その上で入り口となるサムネイルやタイトルで視聴者の「期待値のバランス」をとる感覚も持っておくと良いでしょう。

「多分みんな知らない」「あまり知られていない」という表現は少し控えめな切り口ではありますが、無理やり視聴者の興味を捻り出すような「釣り要素」が低い分、動画の中身で期待値を超えた場合は大きな評価へと繋がります。

短期的ではなく長期でYouTubeを伸ばしたい、ということであれば、それは視聴者の信頼を積み上げる行為無くしては不可能ですので、切り口のバランスの取り方も覚えておきましょう。

拡散率
約 **6.6** 倍

切り口
▶ **051**

〈正体判明（正体です）〉

【オロナイン】手荒れやニキビに使える？
オロナインという謎の薬の正体【ゆっくり解説】

ゆっくりドラッグストア

チャンネル登録者数 7.4万人　155本の動画

https://www.youtube.com/watch?v=4JH-wnpTa9A

48万回再生

再現性 ★★★★　　難易度 ★★　　応用性 ★★★

第2部 100万回再生狙える企画＆切り口100選

　これまで繰り返し「視聴者の興味を作る」という言葉を使ってきましたが、**改めて「興味」とは何なのか？** を考える必要もあります。
　言葉の意味としては「関心をそそる面白み」となりますが、どのように関心や面白みが生まれるのか？ということも紐解いていくと、切り口に潜む本質を導き出すことができます。

> 　関心を生む要素の一つとして**「想像の余地」**があります。サムネイルやタイトルを見た時点でオチや内容を思わず想像してしまう、その余地を作ることで、自分の想像と結論が一致するか「確認」しておきたいという「興味」が生まれることもあります。

　今回の**「正体」**というワードにも、普段は表には出てこない「秘匿性」を含んだ「裏側」があるのだと視聴者に想像させる要素が存在します。人を対象にした場合であれば、聖人なのか極悪人なのか、想像が膨らんだ先の結果を知りたいという好奇心が興味へと変わります。
　そのほか概念や行動に関しても有効で、時間や睡眠など普段当たり前に接している事象に対して**「言われてみればよくわかってないな」**という一瞬の想像を引き出すことで、好奇心を誘発させることも可能です。

切り口には「オチを隠して興味を作るタイプ」と「オチをチラ見せして興味を作るタイプ」があります。

　問題提起や質問形式の投げかけも含め、想像の余地を作る仕掛けは前者のタイプの切り口となります。
　どちらのタイプが優れているかの議論ではなく、その使い分けをうまく活用することが重要ですので、ご自身でいろいろ試してみた中で反応率が良かったものを使ってみてください。

171

切り口
• 052

〈もう限界です〉

オーストラリアの現状が
とんでもないことになっています

サムライフラッグ【SAMURAI CHANNEL】
チャンネル登録者31.2万人　438本の動画

https://www.youtube.com/watch?v=CepSVdTYXNc

354万回再生

再現性　★★★　　難易度　★★★　　応用性　★★★★

第2部　100万回再生狙える企画＆切り口100選

　この切り口は海外系（日本在住）YouTuberやエンタメYouTuberの中でよく使われる鉄板とも言える切り口ですが、こちらも**「想像の余地」を増幅させるタイプ**のものです。

　とは言え、サムネイルやタイトルはどの表現であっても一定の「想像の余地」は生まれます。しかし、**その中でもギリギリ予想はつくけれども確認はしておきたい、という「想像の余地」の作り方が秀逸であれば高い反応率を獲得できると考えています。**

　オチが全くわからない状態では余地は生まれないですが、オチが全てわかりすぎるのも同様です。オチが強烈な場合はあえて見せた方が強いですが、そのバランス感覚が重要とも考えます。他の応用例として、

> ● もう限界です！ご近所さん、そこまでしますか？
> 【田舎暮らし121】
> https://www.youtube.com/watch?v=NQ5ajgOnqkQ
> 50万回再生／拡散率：約14倍

など、おおよそ「ご近所トラブル」だと想像できる範囲として、中身を確認したい興味が生まれますが、動画の内容としてのオチは逆。トラブルではなく親身になって世話をしてくれるご近所さんへの感謝です。

> 「そこまでしますか？」というポイントに、親切すぎるご近所さんの対応が言葉の「伏線」として掛かっています。

　ネガティブな想像の余地を作りながら、ポジティブな感動で着地させる秀逸なバランス感覚。この仕掛けもしっかり覚えておきましょう。

8

網羅性の強み

「網羅性」とは、簡単に言えば「全体をカバーする」という意味です。抜け漏れなくあらゆる事象が全て含まれている状態を「網羅」と表現します。

　動画やサービスにおいて網羅されているというポイントはそれだけで一定の価値が担保されます。一つ一つ探したり集めたりする手間がなく、全てが揃っている状態を望むという需要が存在しているためです。

　ゆえに動画コンテンツ一つをとっても、この「網羅性」をしっかり切り口に付与することで、視聴すべき一定の価値があると視聴者に伝えることが可能となるのです。

拡散率
約12.9倍

切り口
○ 053

〈完全攻略〉

【完全版】インスタグラム2ヶ月で1万フォロワー達成する最新戦略を大公開！【超有料級】

たくと@Instagram攻略
チャンネル登録者6.04万人　23本の動画

https://www.youtube.com/watch?v=_fcqpW8-3X8

78万回再生

再現性 ★★★　難易度 ★★★★　応用性 ★★★★★

第2部　100万回再生狙える企画＆切り口100選

　この**「完全攻略」**は、文字通り攻略するための情報が**全てここに詰まっているという「網羅性」を前面に打ち出す切り口**となります。これはビジネス系 YouTube の第3フェーズにて真価を発揮するようになった切り口と考えています。

「ビジネス系 YouTube の第3フェーズ」なんて聞き慣れない言葉が出てきたと思いますが、私が勝手にジャンル分析して名付けた表現です。

　これは何かというと、YouTube でビジネス系というジャンルがしっかり確立されてからフェーズが移り変わり、その3段回目というお話です。

> **第1フェーズ（2019年〜）**
> イケハヤさんやマナブさんに代表されるインフルエンサーとしての認知拡大で YouTube を活用するフェーズ
> **第2フェーズ（2020年〜）**
> 岡野タケシ弁護士や青汁王子のようにエンタメとビジネスを融合したコンテンツとしてマスを獲得していくフェーズ
> **第3フェーズ（2021年〜）**
> YouTube マーケターおさるさんが確立した、商品およびサービス販売を前提にチャンネル設計するリストマーケティングのフェーズ

　そこからさらにドキュメンタリー方式の第4フェーズなどなど、私が勝手に分析している市場の流れの話ではありますが、何の話かわからない人はそういう流れがあるんだな……ぐらいの認識で問題ありません。
　この「完全攻略」の切り口の詳しい解説については次項の切り口のパートで改めて補足しながら一緒にお伝えします。

拡散率 約**4.3**倍

切り口
●**054**

〈完全ガイド or マニュアル〉

【完全ガイド】つみたてNISAのやさしい始め方！
口座開設から投資信託の購入方法まで徹底解説

BANK ACADEMY / バンクアカデミー
チャンネル登録者72.4万人　620本の動画

https://www.youtube.com/watch?v=clsCi6J3iR0

314万回再生

| 再現性 ★★★ | 難易度 ★★★★★ | 応用性 ★★★★★ |

この切り口は053で紹介した「完全攻略」と本質的には同じ「網羅性」の価値を最大限訴求するものです。若干異なる部分として**手順としての「再現性」を詳細に伝える時に使う表現となります。**

ガイドやマニュアルという表現は初心者をターゲットに多くのマスを獲得できる表現であり、問題解決のための具体的な知識を必要としている人に対して効果的な切り口となります。

> 完全攻略や完全マニュアルが切り口として優秀な点は「初心者向け」であることと「圧倒的な網羅性」が存在している部分です。特に「この動画一本で解決できる」という要素は非常に重要なポイントになります。

視聴者が自分の悩みを解決したいと考えた時に、要所ごとの解決方法を探してそれぞれ別々に視聴するよりも、**一度にまとめて全て理解できる動画を選んだ方が手間が少ないです。**そして、一本で完結する満足度が視聴維持率や再生時間などの指標も含め、高い評価を獲得できます。

動画一本で、とは言いましたが、もちろん以下の事例のように、同じような題材でも複数のチャンネルで伸びている切り口です。

- 【SBI証券 完全ガイド】つみたてNISAの始め方！
  口座開設から投資信託の購入方法まで徹底解説2022
  https://www.youtube.com/watch?v=xXGer8llqRU
  54万回再生／拡散率：約3.8倍

ゲーム系でもスポーツ系でもあらゆるジャンルで応用できる切り口ですので、自分の動画一本で視聴者の悩み全てを解決できる「網羅性」を最大限意識して制作してください。

切り口
○055

〈完全保存版〉

【永久保存版】超！簡単に全てが理解できる
"日本神話"徹底解説！！

TOLAND VLOG

チャンネル登録者73.4万人　428本の動画

https://www.youtube.com/watch?v=6CbDAblDXHQ

122万回再生

再現性 ★★★　　難易度 ★★★★　　応用性 ★★★★★

切り口に「完全」というキーワードが入る事例が三連続で続いていますが、これは「高い保存価値」をイメージさせて「網羅性」を演出する表現です。ノウハウ系やハウツー系と相性が良いのはもちろん、解説系やまとめ系とも相性が良いです。

全ての価値が集約された保存価値の高い動画であり、**これさえ見ておけば「一本網羅」の考え方で全てまかなえるという訴求を作ります。**

> ちなみに、ここまでご紹介してきた網羅性の切り口は、全て難易度の★を高く設定しています。

これは全て漏れなく情報が詰め込まれており、なおかつ動画一本で視聴者満足の最大値を狙う必要があるため、**中身の作り込みに妥協が許されない側面がある**ためです。完全と主張するからにはそれなりの質が求められるということです。

しかし、その高い満足度を引き出せるクオリティが動画に存在していた時は、長期に渡って再生され続けるエース級のコンテンツを保有できる結果となります。

例外として、この「完全保存版」という切り口では過去の動画を一つにまとめた**総集編**や面白い部分だけ切り抜いて**まとめた動画**など、お題によっては**過去の動画を再利用して新しい価値を付与することも可能**です。当然これらは新しく動画を一から作るよりも少ない手間で動画を作れますが、ラクだからと言って乱用はしないようにしてください。

ワンポイントアドバイス

> YouTubeの収益化が止まる要因にもある「繰り返しの多いコンテンツや再利用されたコンテンツ」に引っかかる可能性も一部ありますのでご注意ください！

拡散率
約 **5.3** 倍

切り口
▶ **056**

〈一気見（総集編）〉※ベネフィット付き

【一気見まとめ】19世紀の世界で産業革命！
Anno1800 産業革命的国づくり【ゆっくり実況】

ちーさら
チャンネル登録者12.1万人　364本の動画

https://www.youtube.com/watch?v=Nbc21eWL09M

65万回再生

再現性　★★★★★　　難易度　★　　　応用性　★★★★★

> 第 2 部　100万回再生狙える企画＆切り口100選

055で「総集編」の話が出ましたので改めて紹介します。

> 総集編とは、過去の動画を一つにまとめて、超長尺（1時間以上）の一本完結動画を作ることを主に指します。

事例のようにゲーム実況としてパートが分かれている場合は、その全てをまとめて完結編として「一気見」できる状態を作ったり、その他バラバラのネタであっても一つのテーマを設定して総集編としてまとめたりすることも可能です。

理想的なのは一つにまとめる際に、**新しいテーマを視聴者に感じてもらう「ベネフィット」を付与することです。**例えば、

- 夜寝る前に聞きたい 壮大な宇宙の謎【総集編】
- 朝まで聞きたい 深海の謎 49選【総集編】

などなど、睡眠用に使える訴求をしたり、眠れなくなるほど面白い話の詰め合わせをイメージさせたりするなど、新たな切り口をベネフィットとして付与すると効果的です。

昨今はショート動画の台頭などから、いかに短い時間でまとめるか？というポイントが重視されがちですが、実は尺が長い動画にはまた別のニーズが存在します。それは**「聞き流し需要」**です。

作業用や睡眠用、移動中や家事を行う間など、長時間聞き流したい需要に対して、短い尺の動画では逆に不都合が多かったりします。

動画を毎回選択するのも手間ですし、好みのテーマではない動画が途中で差し込まれるのもストレスに感じます。総集編をまだ一度も作ったことがない方は一本ぐらい実験してみるのもアリだと思います。

183

切り口
057

〈全て見せます〉

【Season2総集編】大工仕事の全て見せます。
5ヶ月間の大工仕事から造られる、新しい家。

大工の正やん
チャンネル登録者75.9万人　373本の動画

https://www.youtube.com/watch?v=izmMF5Y2P_A

210万回再生

再現性 ★★★　　難易度 ★★★　　応用性 ★★★★

本項で取り上げさせていただいた事例も「総集編」となりますが、そこにさらに「網羅性」をプラスで付与した切り口です。この「全て見せる」という表現は、**1から10まで完全網羅されている価値の高い動画**であると視聴者に訴求することが可能です。

> YouTubeはあらゆるSNSの中で「資産性」が高いプラットフォームと言われていますが、**視聴者から高い評価を得た動画は数年にわたって長期で再生される「資産性」の高い動画になります。**

高い評価を得るためにはYouTube上でのクリック率、視聴維持率、総再生時間、コメントや共有含む視聴者のエンゲージなどの項目において「相対評価」で勝ち抜く必要があります。

> シンプルに言えばライバルが投稿する動画より面白い価値を提供することで、多くのチャンスが貰えるということです。

事例の動画のように、一本一本魂を込めた動画作りを心がけるべきですし、それをまとめた動画にも、**あらゆる切り口の工夫を考えて視聴者に興味を持ってもらう努力をする必要があります。**今までに作った面白い動画をまとめたものだから、とりあえず総集編とだけ銘打っておけば大丈夫だろう、ではなく「全て見せる」や「全貌がわかる」などの新たな興味を作る切り口をアイデアとして考えることも必要です。

> 資産性の高い動画を残すためにも**「脳に汗をかく」**ほど考えて、視聴者に面白いと思ってもらえる工夫を施しましょう。その作業が後に大きなリターンとして自分に還ってきます。

拡散率約 3.8 倍

切り口
▶058

〈ロードマップ×なりたい姿〉

ゼロから半年でWeb系エンジニアになろう
【完全まとめ版】

だれでもエンジニア / 山浦清透

チャンネル登録者数11.7万人　145本の動画

https://www.youtube.com/watch?v=09D18lhLa2Y

44万回再生

再現性 ★★★　難易度 ★★★★★　応用性 ★★★★

「ロードマップ」とは、プロジェクトの開始から完了までの道筋を提示する工程表のようなものです。この手順と流れで進めていけば目標を達成できるという道を示すものになります。

自分の目標達成までの道筋に悩みを抱えている初心者にとっては、ロードマップという一言は、**夢を叶えるために敷かれた「レール」のような印象**を与え、そこに「網羅性」の要素を価値として感じてもらえます。

ここで具体的に**相手の「なりたい姿」をしっかり提示しておくことも重要**です。事例の中では「半年でなれる」と訴求していますが、半年という期間が具体的なものとして、視聴者の興味をさらに引きつけます。

- たった1ヶ月で〇〇
- 3ヶ月で月収100万円
- 半年で国家試験合格

などなど、**自分のターゲットの「なりたい姿」を具体的に提示する。**それが早い期間で達成できたり、リターンが大きいと感じてもらえたりするのであれば、より多くの注目を集める結果となります。

> ターゲットの期待値を大きく上回る設定を行えば、当然注目度は上がりますが、その分求められる内容の質や期待値回収のハードルも上がります。そういう意味では難易度が高めの切り口です。

しかし、サービス販売を前提としたチャンネル設計の場合、ロードマップに興味を持った視聴者を公式LINEなどに誘導して登録してもらうことで良質な見込み顧客を獲得できます。その見込み顧客達にセールスをすることで、結果的に売上に大きく貢献できる動画にもなるでしょう。

切り口
059

〈たった1動画でわかる〉

最強のエクセル使い方講座【たった1動画で全てが分かるExcelの教科書】MicrosoftMVP受賞

ユースフル / スキルの図書館

チャンネル登録者43.4万人　1270本の動画

https://www.youtube.com/watch?v=Bo7GUN3G6fc

1626万回再生

再現性 ★★　　難易度 ★★★★★　　応用性 ★★★★★

これまで網羅性のカテゴリーの中で「この動画一つで全てわかる」という要素は強い価値を生むとお伝えしてきました。それをまさにそのまま体現している切り口が、この「たった1動画でわかる」です。

Excelの企画は業務で使用する人も非常に多いため、YouTubeでも昔からバズをたくさん生む題材ですが、本当に価値の高い動画を作ると1,600万回再生を突破するという恐ろしい数字を叩き出します。

> この一本で全てまかなえる、という強い切り口を設定し、**中身も「妥協なき網羅」で視聴者の満足を引き出し期待値を回収する。**そこまでやれば長期で再生され続ける資産性の高い動画となります。

そして切り口や中身のフォーマットが強いことが自社の実験の中で確認できた際には、あとは**お題のみをズラして「横展開」**すると、資産性の高い動画をいくつもストックできることがあります。

事例で紹介させていただいているチャンネルでも、**お題のみをExcelから営業トーク、Outlookなどにズラして「シリーズ化」**しています。

> 切り口とフォーマットを横展開するこの手法は、単品の動画だけではなく複数チャンネルを展開する設計でも有効です。

ここでご紹介している事例はターゲットが非常に多いExcelのお題で爆発的なバズを生んでいますが、ニッチな分野においても同様の切り口でしっかり伸ばしている事例は存在します。表面的なバズとしての数字を重視するのではなく、**自分のチャンネルのターゲットを最大限集める、**という考え方も大事です。今回はあともう一本、他の事例を次のページでご紹介します。

→ 次へ

拡散率
約 **1.9** 倍

切り口
▶ **059**
___

〈 た っ た １ 動 画 で わ か る 〉
番外編

【DTM】Cubase 初心者講座 総集編 |
たった1動画で基礎が分かる【使い方】

SLEEP FREAKS
チャンネル登録者17万人　1367本の動画

___

https://www.youtube.com/watch?v=KU4-7OGs9YE

34万回再生

再現性　★★　　難易度　★★★★★　　応用性　★★★★★

Ⓒ株式会社スリープフリークス

> 第 2 部　100 万回再生狙える企画 & 切り口 100 選

　Cubase とは音楽制作ソフトのことで、Excel のように一般的に使われるソフトというよりは、そのジャンルに強い興味を持つ人たち向けの割とニッチなお題だと思います。それでも一定の再生数を確保できているのは、「1 動画で全てわかる」という切り口と、**初心者の悩みの解決に真剣に向き合った動画作り**によるものだと考えます。

> ここで重要な考え方として覚えておいてほしいことは「一本に価値を集約させる」という思考も持っておくと良いということです。

　昔の YouTube であれば毎日の投稿が当たり前だったり、とにかく数を出してなんぼ、のような傾向が強くあったりしました。

　しかし、今や投稿される動画が星の数ほど存在する YouTube では、動画一本の価値を高めて集約させ、視聴者の高い評価を維持できている動画であることを YouTube 側に認識してもらう必要があります。
　そういう価値の高い代表作とも言える動画は定期的にオススメに表示されたり、YouTube 検索の中でも上位表示がされ、長期的にユーザーを自チャンネルに誘導してくれる「起点」となってくれるわけです。

> 　YouTube では絶えず**「相対評価」**でライバルの動画と比べられているため、一本の動画への価値集約で高いスコアを狙っていく必要があります。そのような動画が後々自分のチャンネルへの集客装置として、しっかり仕事をし続けてくれるのです。

　このような切り口はジャンル的に自社のサービス販売に繋げるビジネス系やハウツー系との相性が最も良いですが、広告収益メインのチャンネルでも有効ですので、一度チャレンジしてみてはいかがでしょうか。

9

バンドワゴン効果と権威効果

「バンドワゴン効果」とは、みんなが支持しているものに対して、さらに多くの支持が集まるという心理効果です。

　利用者が100万人突破と言われれば、きっと素晴らしいサービスなのだろうとか、行列ができているお店であれば、間違いなく魅力的な商品があるのだろう、などなど。評価に対する先入観が生まれる状態です。

「権威効果」とは、権威のある人物が言うことに対して高い信頼性を感じてしまうなど、バイアスとしての価値を付与してしまう心理的な傾向を指します。

拡散率
約 50.7 倍

切り口
▶ 060

〈プロが愛用する〉

収納のプロが愛用する
100均収納グッズ10

11:26

収納のプロが愛用する100均収納グッズ10

山本瑠実の麗しきズボラ生活

チャンネル登録者数 6340人　41本の動画

https://www.youtube.com/watch?v=wbYE0BCyC9A

32万回再生

再現性 ★★★　　難易度 ★★★　　応用性 ★★★★

194

これはまさに**「権威性」を象徴するような切り口**です。プロが言うなら間違いない、プロが使っているなら間違いない、という印象を視聴者に与え、有益な情報が含まれていると感じてもらいやすくなる形です。

権威を印象付ける方法は何も最上位クラスの実績を自分が保有していなければならない、というわけではありません。

素人である視聴者自身の知識より圧倒的に優位という印象を与えることができれば、それで成功だと考えています。例えば、

- 10年間〇〇を見続けてきたオタクのレビュー
- 4000時間〇〇をし続けてきて気付いた〇〇

などなど、表現の強弱は存在しますが、その道においてある程度注力してきた視点の共有だけでも十分力を発揮することはあります。

さらに言えば、今回は「プロが愛用する」という切り口でご紹介していますが、自分自身がプロでなくても成立する場合もあります。

ネットなどで確認できるプロの意見をキュレーション（集約と選別での付加価値）で紹介する形でも可能だと考えています。そこに複数の情報をまとめた「網羅性」などを付与して、独自の目線で付加価値を作ることもできます。ただし、他人の意見をさぞ自分が考えたかのようにそのまま流用したり、著作物の権利を侵害するような行為はNGです。

ワンポイントアドバイス

引用する際のルールに関しては「引用 ルール」と検索すれば、いくつか見解が出てきますので、事前にご自身でご確認ください！

切り口
061

〈再生回数の強調と帯の活用〉

【地理/地学】県民性がややこしい
都道府県ランキング【地理ふしぎ】

地理ふしぎ発見【ゆっくり解説】
チャンネル登録者数 11.8万人　445本の動画

https://www.youtube.com/watch?v=-FtL30JHJ5Q

171万回再生

再現性 ★★★★　　難易度 ★★　　応用性 ★★★

> 第 2 部 | 100 万回再生狙える企画 & 切り口 100 選

　YouTube で視聴する動画を探している時、皆さんも再生回数の多さによって見るか見ないか判断したことはありませんか？

　1 万回再生以下の動画より 100 万回再生されている動画の方が、みんなが視聴している分きっと面白い内容に違いない、と無意識にバイアスをかけてしまうことはよくあることです。

> YouTube に限らず売上の数字が高いものや、高評価レビュー数の多い商品を盲目的に信用してしまうのと同じ心理です。これをバンドワゴン効果と言います。

　そこで、あえて獲得した再生数をサムネイルやタイトルで前面に押し出す、というテクニックも**バンドワゴン効果**を加速させます。YouTube で言えば基準は 10 万回再生からが目安であり、理想は 50 万回再生以上達成した動画に組み込むと有効であると考えます。

　YouTube では再生数はデフォルトで確認できるようになっていますが、PC とスマホ共に表示は小さめです。そこで、あえてしっかりサムネイルやタイトルで強調し、その数字の多さに興味を持つユーザー層に訴えます。それがクリック率に繋がるという流れです。

　ただし、これは一定の再生数を確保してから行う施策であり、**ゼロから 1 を生み出すテクニックではなく、10 段階の中で 6 を 8 にするぐらいの切り口だと認識してください**。そもそもバンドワゴン効果を発生させるための数字の確保が事前に必要なので。

　もしご自身の動画の中で、数十万、数百万回再生クラスの動画を作れた時は、サムネイルの右上に「帯」のような形で再生数を強調させるデザインを採用してみても良いかもしれません。それを見て評価の高い動画であるという先入観を興味に変えることもできると思います。

切り口
•062

〈sold out 帯〉

【成約済】空き家紹介 #7 空き店舗付き『半島』⁉
ガラス張りオーシャンビュー空き家は広々敷地。
山も海岸もプライベートに使えて、まさかの◯万円⁉
【お問い合わせ受付は終了しました】

ええやん！空き家やんちゃんねる【全国の空き家・古民家の不動産を紹介！】
チャンネル登録者数 5.3万人　220本の動画

https://www.youtube.com/watch?v=Ej_15B8iWfw

111万回再生

再現性 ★★★　難易度 ★★　応用性 ★★

061でサムネイルに導入する「帯」の話を少ししましたが、今回はその応用として面白いアイデアがあったので共有します。

書籍でもよくあることですが、帯にその書籍がもたらした実績や売上部数を強調して、ユーザーへの興味を作っているケースを皆さんも見たことがあると思います。著名人が帯に書籍の紹介文や推薦文などを書いて「権威性」を強調しているパターンも見たことがあるでしょう。

> 帯は使い方一つをとっても様々な効果を演出することが可能です。その中の面白い取り組みとして、販売目的で商品を紹介する動画に「sold out」の帯を導入するというものです。

チャンネルの動画一覧を見た時に、サムネイルがネットサイトの商品ページに見えるような工夫になります。再生数に直結するようなテクニックではないですが、**商品を売る、ということが目的の場合は非常に面白い取り組み**だと考えます。

> 相性の良いもので言えば、家（建物）や土地、車や一点もののハンドメイド商品など、1動画1商品で完結させるスタイルの場合は活用できるテクニックだと思います。

期待される効果としては、実際に売れた商品はどのようなものか具体的に知りたいという興味を作ることも可能ですし、購入を検討しているターゲットには購入可能な商品への適切な誘導が可能です。

すでに売り物がない動画に無駄な時間を使ってもらわない工夫の一つとしての考え方にもなります。実際にこのテクニックを導入できる設計のチャンネルは少ないと思いますが、覚えておいて損はないと思います。

切り口
●063

〈チャンネル名に再生数〉
※要注意

面白スレまとめ 420万回視聴・2日前
@○○○○○・チャンネル登録者数 2.7万人・203本の動画
○○○○○○○○○○○○○○…さらに表示

チャンネル登録

ホーム 動画 ショート ライブ 再生リスト コミュニティ

新しい順　人気の動画　古い順

【○○○○】○○○○○○○○ :
○○○○○！
1322回視聴・10日前

「○○○○○○○○○○」○○○ :
○○○○○○○○○○○○…
803回視聴・2週間前

【○○○○○！】○○○○○○○ :
○○○○○○○○
175回視聴・1か月前

○○○○○○○○○○○○○○ :
○○○○○○○○○○○○…
923回視聴・1か月前

【○○○○○○】○○○○○○ :
○○○○○○○○○
269回視聴・2か月前

「○○○○？」○○○○○○○○ :
○○○○○○○○○○○○
547回視聴・3か月前

※このチャンネルは実在しません

第2部　100万回再生狙える企画＆切り口100選

このカテゴリーの最後にご紹介するのは、いわゆる「ハック」的なテクニック。**最初にお伝えしておきますが、これを推奨しているわけではありません。その逆の意識を持ってほしいという意味でお伝えします。**

> 視聴回数の多さは一種のバンドワゴン効果や権威性として、その動画が面白いものであると事前に錯覚させることが可能です。その心理を逆手にとって、チャンネル名に再生回数と期間を記載することで、一瞬その動画がバズ動画であると認識させることも可能だったりします。

相手に与えたその一瞬の勘違いが「これだけの再生数なら一度は見ておこう」という興味を作ってしまいます。プラットフォームの表示形式を逆手にとったハック的な発想です。

しかし、これは超短期的な小手先のテクニックであり、その勘違いを誘発させる行為が長期でチャンネルを成長させるための施策にはなり得ません。一瞬のリターンはあるかもしれませんが、視聴者に真剣に向き合う本質的な価値の追求なくしてチャンネルの成長はないのです。

YouTubeやSNSを長期で伸ばすためには、大前提としてユーザーからの「信頼」の積み重ねが必要だと考えます。

世の中にはハック的なテクニックが多く存在していますが、YouTubeにおいてはその考え方は捨ててください。私も昔はそういう情報ばかり漁っていましたが、途中で何の意味もないことだと気付きました。それよりも視聴者への価値提供の本質を追求し続けた方が100倍リターンは大きいので、この機会にその認識をしっかり持ってください。

201

10

比較表現と
ギャップ演出

「比較表現」とは、AとBを比較して、その違いに対して興味を抱かせる表現です。
　シンプルですがYouTubeのサムネイルにおいては昔から様々なパターンで使われてきており、基本として押さえておくべき項目です。

「ギャップ演出」とは、その比較表現においての違いが大きく演出されたものであり、その差に注目が集まるという手法です。
　これまでご紹介してきたキーワードで感情を作るよりも、画像などの絵で見せていくことも意識する必要があります。

拡散率
約 **16.4倍**

切り口
◦**064**

〈比較表現（絵で見せる）〉

【驚愕】宇宙一大きい星の正体

宇宙 ガイド れいちゃんねる

チャンネル登録者数 6.5万人　25本の動画

https://www.youtube.com/watch?v=cxa4YKvxKeE

109万回再生

再現性 ★★★★　　難易度 ★★　　応用性 ★★★★

まずは比較表現の基本的な例をご紹介します。YouTubeはブログやその他の記事とは違い、一枚の画像で動画の企画を表現することが可能です。画像で表現できる以上、そこで見せる表現のテクニックの違いによって、再生数に寄与するクリック率の値は変化します。であれば、**その画像の見せ方にもこだわる必要があるということです。**

> 「比較表現」はその中でも基本的なテクニック。ご紹介している事例にもあるように、比較対象をしっかり取り入れることで、伝えたい大きさを具体的に表現しています。

この場合、太陽がとてつもない大きさを誇る星、という共通認識を皆が持っています。それを**比較対象に設定することで企画そのものが強調され、視聴者の強い興味を引きつける**ことができます。

比較表現の考え方は簡単なように見えて、意識できていない人も多く、画像の加工による誇張をうまく扱えていないケースも至る所で見受けられます。

> **誇張表現を「悪」だと決めつける人もいますが、わかりやすさを演出する加工も、YouTubeにおいてはある程度必要だと考えています。**

特に海外ではサムネイルに文字を使う割合は低く、画像メインでその動画の良さを伝える表現が文化として存在します。そういう意味では海外のチャンネルのサムネイルは、画像の魅力を最大化させるテクニックが集約されていますので、今後のリサーチで参考にしてみてほしいです。

キーワードでの表現と共に、画像で見せる表現も非常に重要ですので、手を抜かずにしっかり作り込んでみてください。

拡散率 約5.4倍

切り口
●065

〈ギャップ表現〉

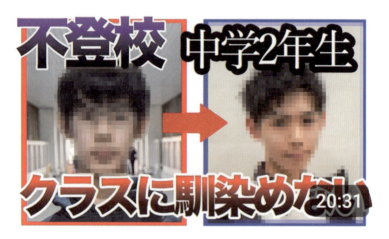

【人生逆転】不登校の14歳を垢抜けさせて学校に行かせてみた。

大変身ちゃんねる

チャンネル登録者数 46.2万人　251本の動画

https://www.youtube.com/watch?v=xBilfxU2wBc

248万回再生

再現性 ★★　　難易度 ★★★★　　応用性 ★★★★★

この切り口も「比較表現」を扱う上で基本的な演出になりますが、ギャップを演出するパターンは多種多様に存在するため、ある程度の応用力も必要とされると考えています。例えば、

- 過去と現在の違い
- 進化前と進化後の違い
- 従来のイメージとの違い

などなど、ギャップとしての**「差」がハッキリと現れているもの**は、その比較を強調することで視聴者の興味を作ることができます。

- ○○の全盛期と落ちぶれた現在との比較
- ○○に取り組む前の姿と取り組んだ後の姿
- ○○だと思っていたのに実は○○だったという真実

これをサムネイルの一枚絵の時点でしっかり見せることで、そのギャップをわかりやすく伝える、という基本的な演出です。**ここではわかりやすさが重要なので、なるべくシンプルに、そしてインパクト重視で表現すると良いです。**

この「ギャップ表現」はサムネイルだけではなく、演者のキャラクター設定や単発のショート企画などでも効果的です。

- **男生まれのお姫様育ちがヤバすぎた www**
  https://www.youtube.com/shorts/valVt19vs9I

見た目は男らしさ満載でも中身はお姫様。そんなギャップが面白さを作ります。皆さんもリサーチでいろいろなギャップを探してください。

拡散率 約12.7倍

切り口
066

〈ビフォーアフター〉

排水口を簡単にピカピカにできる
コスパ最強お掃除術

プロのお掃除チャンネル
チャンネル登録者数 35.1万人　35本の動画

https://www.youtube.com/watch?v=iUOxaG8ksHY

449万回再生

再現性 ★★★　　難易度 ★★★　　応用性 ★★★★

©プロのお掃除チャンネル

これまでご紹介してきた「比較表現」や「ギャップ表現」を一番シンプルかつ簡単に演出できるのが「ビフォーアフター」という切り口です。

昔から使われてきた伝統的、そして基本的な表現方法です。ブサイクからイケメンへの変化や掃除洗濯のお役立ち系などは鉄板ですね。

> - 【新品に戻す】白い服の黄ばみ汚れの落とし方は食器洗剤が最強！
>   https://www.youtube.com/watch?v=eqmaV0nDMaQ

まず比較対象が同一であることが条件で、その前後の違いに明確に「差」があるものであれば有効です。その「差」をわかりやすく伝えることが重要になります。

ただし、この「わかりやすさ」については別の考え方もあります。ビフォーアフターのアフター部分をモザイクで隠しているようなサムネイルを皆さんも一度は見たことがありませんか？ あえてオチを隠すという形式です。変化を隠すことで**「どのように変わったのだろう？」**という興味も作ることができます。

大変身の結果は見せた方が良いのか？ それとも隠した方が良いのか？ これには明確な答えはありませんが、動画の性質で分ければ良いと個人的には考えています。

> - エンタメ性が高い企画 → 一部隠しても成立しやすい
> - ハウツー色が強い企画 → 隠すより結果を晒した方が良い

ハウツー系やお役立ち系などの場合は改善度合いが注目されやすいので、その価値をしっかり伝えるためにオチは見せると良いと思います。場面に応じて使い分けてみてください。

拡散率
約 **70.4倍**

切り口
● **067**

〈この後〇〇〉

【閲覧注意】出勤前のショアジギングで
最高と最悪が同時に起きる

バチ抜けチャンネル【初心者釣りガール】
チャンネル登録者数 6.09万人　154本の動画

https://www.youtube.com/watch?v=2jx6XAJDJhU

437万回再生

再現性 ★★　　難易度 ★★★★　　応用性 ★★★★★

066でオチを隠す隠さない話をしましたが、**今回はオチを隠すタイプの切り口です。**何かとんでもないことが起こる直前、または平穏な状態の画像を使用して、その後に起こるハプニングを想像させます。

- この後、ヤバイ
- この後、病院送り

などなど、オチを隠すとは言いましたが、**完全に隠すパターンと一部ネタバレするパターンも存在します。**後者は結果としてのオチを文字で表現するタイプです。

シンプルな切り口に見えますが、扱い方としては絶妙なバランス感覚を求められます。それぞれ効果的なテクニックとしては、

- **オチを隠すパターン**
  この後とんでもないことが起こることをある程度予想できるギリギリの画像を設定すると、その先が見たいという興味を作ることができます。
- **オチを文字で表現するパターン**
  使用する画像と文字で表現するオチのギャップをうまく作ると効果的です。画像では平穏な描写だが、その後起こるオチはとんでもない結果になるという落差に興味が生まれます。

前者は「想像の余地」をコントロールして演出するタイプ。
後者は「意外性」を作り出して演出するタイプです。
少し判断が難しいかもしれませんが、サムネイルを作る時はなんとなく良さそう、というフワッとした感覚ではなく、見る視聴者の感情を予想しながら作るようにしましょう。

11

数字の魔力

「数字の魔力」とはその名の通り、数字には興味を惹きつける力があるという意味です。
　数字をうまく扱うことで、伝えたい内容をより「具体的」に表現することが可能です。

　YouTubeで伸びない人は数字を使って物事を表現する意識が足りないケースが多々あります。
　しかし、使い方としては難しいものではなく、コツさえ掴めば簡単に切り口としての強化が図れるので、積極的に活用していきましょう。

拡散率 約 **4.5** 倍

切り口
● **068**

〈数値訴求〉

燃費最強の原付バイクで大阪→東京を走ったら
何円かかるの？？？

CABHEY RIDE ON!!

チャンネル登録者数 151万人　285本の動画

https://www.youtube.com/watch?v=LKfWC6CgFng

680万回再生

再現性　★★★★★　　難易度　★★★　　応用性　★★★★★

> 第2部 ｜ 100万回再生狙える企画＆切り口100選

　まずは数字を使って訴求していく切り口の基本について。当然ながら数字は世界共通の認識を持たれている記号であり、いかなるものも**「定量化」して相手に伝えることが可能**です。

　定量化とは一般的に、抽象的な表現を数値化して具体化することを指します。物事をわかりやすく、誰にとっても一定の基準で具体的に伝えることが可能となります。例えば、

- もう少しで → あと10分で → あと1ヶ月で
- 激安 → 30円 → 3万円 → 30万円

などなど、人によって捉え方が変わるような表現も、定量的に伝えることでわかりやすく伝えることができます。その観点から事例でご紹介しているサムネイルとタイトルを改めて確認してみてください。

1892円 → サムネの段階では何の金額かは謎 → 興味を作る
大阪→東京何円かかるの → サムネイルの数字が激安のオチになる

　サムネイルで興味を作ってタイトルで補完。そしてそのオチが数字訴求として「ありえない激安」を定量的に表現していることで、強い興味を作る結果になったと考えられます。

　もちろん、運営者さんの自身の魅力やチャレンジ企画としての面白さがあって特大バズを生んでいますが、数値訴求によるインパクトのあるサムネイル/タイトルが再生回数に寄与した割合も大きいでしょう。

> **ワンポイントアドバイス**
> 強調したい表現を数字でうまく表現できる時は
> 積極的に数値訴求を使って興味を作りましょう！

215

拡散率
約 **2.1** 倍

切り口
● **069**

〈0人説〉

【効果抜群】絶対好かれてしまうある裏技が書いてある本！　9分でわかる『脳のバグらせ方』

学識サロン
チャンネル登録者数 77.7万人　518本の動画

https://www.youtube.com/watch?v=FbyBs_JEYYs

166万回再生

再現性 ★★★　　難易度 ★★★　　応用性 ★★★

▶ 第2部 | 100万回再生狙える企画＆切り口100選

　数字を使えば定量的にわかりやすい表現で伝えることができますが、それと同時にインパクトを強く押し出すことも可能です。
　ここでご紹介する**「0人説」**という表現も、**ゼロという数字が圧倒的に突き抜けた印象を視聴者に与える**形となっています。

> 以前も突き抜けた表現は興味を加速させるという話をしましたが、それがクリック率の向上に繋がります。

　ゼロという何もない状態から**悲惨なイメージ**を訴求しても良いですし、事例のように結果が出ない人はゼロであるという、**圧倒的有益性**を訴求してもインパクトはあるということです。
　そして、切り口やワードは組み合わせることで強さが増していきます。事例のサムネイルやタイトルを元に分解していくと、

- **裏技** → 秘匿性のあるテクニック
- **0人説** → 効果が出ない人はいないという有益性
- **絶対に好かれる** → 視聴者ベネフィット
- **9分でわかる** → 数値化による具体性

　このようにいくつもの工夫された切り口が集約されたものだということがわかります。**切り口やワードの力を理解してサムネイルやタイトルの入り口を作るか否かで結果は大きく変わってくるのです。**
　YouTubeでは数えきれないほどの動画が毎日アップされています。その中で勝ち抜くためには、あなたが作った動画が本当に面白いことをしっかり伝えなければなりません。入り口の時点で様々な切り口やワードを工夫して、ようやく再生される土俵に上がれると言っても過言ではありません。本書を繰り返し読みながら復習して活用してください。

217

拡散率
約 **1.5** 倍

切り口
● **070**

〈IQ200、IQ300〉

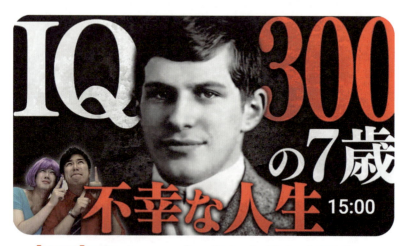

【実話】7歳でハーバードに合格した天才の
悲惨すぎる末路【IQ300】

あるごめとりい
チャンネル登録者数 122万人　936本の動画

https://www.youtube.com/watch?v=pxoA6P-Ijrw

188万回再生

再現性 ★★★　難易度 ★★★　応用性 ★★

▶ 第2部 | 100万回再生狙える企画＆切り口100選

　IQは頭の良さや回転のキレを表す上で非常にわかりやすい指標です。その中で**圧倒的に突き抜けた**「IQ 200」や「IQ 300」という表現はとんでもない天才をイメージさせる面白さを演出することが可能です。

> ご紹介している事例の中ではIQ300のとんでもない天才が悲惨な末路を辿るという「ギャップ演出」もうまく活用されています。

　使い方として応用性が高いとは言えない切り口ですが、エンタメ性を押し出した企画やゲームのテクニックを表現するなど、使いようによってはいろいろな形で切り口として活用できると思います。例えば、

● たすくこま

【アニメ】IQ300のニートｗｗｗｗｗｗｗｗｗｗｗｗｗｗｗ

https://www.youtube.com/watch?v=-GST-zopDAY

308万回再生／拡散率：約1.9倍

【アニメ】IQ30の国語のテストｗｗｗｗｗｗｗｗｗｗｗｗｗｗ

https://www.youtube.com/watch?v=4ZZlPQX8zvo

495万回再生／拡散率：約3倍

　このように天才ぶりやポンコツぶりを**数値訴求による事前イメージで面白く演出**したエンタメ企画などもあります。

　この他にもゲームなどでも、頭を使った華麗なテクニックや騙しのテクニックなどをIQ 200などで表現しても面白いかもしれません。

　ご紹介した事例ではどれもその面白さを伝えるための工夫も数値訴求でしっかり演出されています。皆さんが使用する際も工夫によって反応が良くなる可能性はありますので、いろいろとお試しください。

219

拡散率
約13倍

切り口
・071

〈上位1％〉

【手相】この線あったら奇跡！
上位1％の億り人の手相トップ３

手相鑑定士トッチー

ャンネル登録者数 8.03万人　145本の動画

https://www.youtube.com/watch?v=I3U0ScZ0MwI

106万回再生

再現性 ★★　　難易度 ★★★　　応用性 ★★★★

数字で興味を作るパターンの中には**割合（％）で表現すると効果的な ものも多いです**。この「上位1％」という切り口は、まさに数少ない選ばれたものだけ、というイメージを強く連想させます。この表現をうまく活用することで企画の幅もいろいろと広げることが可能です。

- 上位1％の金持ちが必ずやる習慣
- 上位1％のモテ男になるために必要なこと○選
- これをやるだけで上位1％に簡単に入れます

などなど、選ばれしものになるための表現を、**より具体的にイメージしてもらうことができます。**

この他にも低い確率そのものがエンタメとして面白かったり、希少価値としての興味を作るケースなどもあります。

- 出現率0.00064％の超レアな○○
- 0.2％の人しかクリアできない凶悪な○○

非常に低い確率そのものに、視聴者の「気になる」という感情を引き出すポイントが存在します。

あとは使い古された切り口ではありますが、割合（％）を逆に多く見せて**「99％の人が知らない」**など、ほとんどの人に知られていない秘匿性の情報を演出する際にも割合（％）をうまく活用する例もあります。

> **ワンポイントアドバイス**
>
> このように割合（％）は両極端に振り切ると効果的な表現です。まずは抽象的なものを数値化できるか挑戦してみてください。そして割合などで振り切った表現ができるかなど模索しましょう！

拡散率
約 1.5 倍

切り口
▶ 072

〈5万円・10万円〉

中学生が今日中に5万円お金を稼ぐ方法
【ラッキーマイン】【あべむつき】

あべむつき【ラッキーマイン】
チャンネル登録者数 15.8万人　749本の動画

https://www.youtube.com/watch?v=RAPGN4iLzL0

24万回再生

再現性 ★★★★　難易度 ★★★　応用性 ★★★

©2023 Lucky mine

第2部 | 100万回再生狙える企画＆切り口100選

「月に1億円稼げます」と皆さんが聞いた時、どう思いますか？

それだけ稼げるなら嬉しいですが、あまりにも現実離れしている金額に疑いの念を払拭することはできないことでしょう。

> ここで学ぶべきは「リアルな数字」がユーザーの行動のハードルを下げるというお話です。

月に1,000万円や1億円稼げると言われれば、自分とは関係のない世界の話と感じるかもしれません。何か悪いことや罠があるのではないかと考えることもあるでしょう。

しかし、**月に5万円や10万円と言われれば、初心者の人からすれば現実的なリアルな数字として映ります。**

その**「自分ごと」として捉えられる範囲の表現**が、時間を使って視聴する価値のある動画かもしれないという感情を呼び起こします。

- 1ヶ月で5キロ確実に落とせる超ズボラダイエット
- 誰でも月に5万円節約できるプロ直伝の最強テク

などなど、現実的な落とし所として、ターゲットの生活環境や身近なリターンをしっかり理解して訴求することで、それを意識しない時よりも高い反応率を出せる可能性はあります。

> **ワンポイントアドバイス**
> 数字を使うと一言で言っても、なんでも誇張して大きな数字を提示すれば良いというわけではありません。自分の届けたいターゲットにとって「視聴する価値のある動画」と認識してもらうことが大切です

223

切り口

▶ 073

〈奇数法則〉

【総集編】眠れなくなるほど面白い宇宙の謎9選
【ゆっくり解説】

ゆっくり宇宙ハンター
チャンネル登録者数 6.52万人　398本の動画

https://www.youtube.com/watch?v=MiLw5jSNEv0

122万回再生

再現性 ★★★★　難易度 ★　　応用性 ★★★★★

第 2 部 ｜ 100万回再生狙える企画＆切り口100選

　ここで改めて初歩的な数字を扱う時の考え方をお伝えします。ここでは奇数が持つ力についての話です。

> 「奇数法則」とは、偶数よりも奇数の方が気持ち良さを感じたり、好まれる傾向があるという心理的な話を指します。

　皆さんも普段見るYouTubeの企画の中に、3選・5選・7選・9選などの奇数が多いことに気付いているかもしれません。偶数よりも奇数の方がまとまりが良く、高いクリック率が出るとも言われていますが、劇的に改善するほど大きな差はないとも思われるので、奇数でまとめられるならしておいた方が良いぐらいの理解で問題ありません。
　それよりも感情を揺さぶる切り口や視聴者が見る価値があるというメリットをしっかり提示できる訴求をまずはしっかり押さえてください。

> 事例にもある総集編の動画はこれまでにお伝えした「網羅性」での訴求と「興奮が止まらない」という感情を揺さぶるポイントが存在します。そして9選という奇数の法則で着地させるという形です。

　これまでご紹介してきたような視聴者の興味を作る切り口も使いながら、数字の力を借りれるポイントは細かいところでもしっかり使っていきましょう。たかがサムネイルとタイトルと思わず、この入り口の部分だけでも「総合力」を持って取り組むべきだと考えます。

> **ワンポイントアドバイス**
> 「○選」系の企画に関してはなるべく奇数でまとめましょう。10以下の数字で効果があるので、10以上であれば気にせずともOK！

225

拡散率
約 **164倍**

切り口
▶ **074**

〈発見されるまで〇〇年〉

【検証40】スーパーマリオブラザーズ 発見まで37年 その先に行くとどうなる？

ぢるるちゃんねる

チャンネル登録者数 2.16万人　65本の動画

https://www.youtube.com/watch?v=yyy4J4moekA

361万回再生

再現性 ★★　　難易度 ★★★　　応用性 ★★

今回は長らく誰も見つけることができなかったものを取り上げる切り口。発見されるまでの年数などが長ければ、物珍しさとして興味を作る形です。応用性の高い切り口ではありませんが、**数値で具体的に表現することで視聴者に見る価値が高いものだと判断される**ことも多いのです。

例えば元の情報は同じものと仮定して、次の表現を比べてください。

> ❶ ついに逮捕 / 長期間逃げ続けた犯人の衝撃の末路
> ❷ 解決されるまで14年 / 時効直前に訪れた犯人の末路

どちらもその結末が気になる内容ですが、❷の方がより具体的に警察が苦戦した様子や、長年解決できなかった事件であることがわかりやすく表現されていると思います。他にも例えば、

> ・【ゆっくり解説】多くの数学者の人生を狂わせた「300年前の天才が残した世界最大の難問」ーフェルマーの最終定理ー
> https://www.youtube.com/watch?v=nvpljnmthCE

このように、300年間も解かれていない謎がどんなものかと、知的好奇心をくすぐられる結果になりますし、もし300年を経て解決したとなればそれはそれで強い興味を引く形となります。

> 抽象的 → 長年証明されなかった超難問
> 具体的 → 300年間解かれなかった世界最大の難問

抽象的な内容を具体的に表現する方法として、**数字をうまく活用することで、わかりやすさと共にその度合いがイメージとしてしっかり相手に伝わります。**今後意識して取り入れるようにしてみてください。

切り口

○075

〈5秒で敗北(撃沈)〉

【大ブーメラン】石丸市長の服装に
ケチをつける山本優。
自身の服装の方が酷かった【安芸高田市】

進撃チャンネル

チャンネル登録者数 1.61万人　107本の動画

https://www.youtube.com/watch?v=UvRX-37SSlI

343万回再生

再現性 ★★　　難易度 ★★　　応用性 ★★

> 第 2 部 ｜ 100 万回再生狙える企画 & 切り口 100 選

「**5 秒で敗北**」という切り口も前項と同じような表現で面白さを演出しているケースとなります。今回は逆に具体的な数値を少し抽象的な表現にするとどうなるかを考えてみましょう。

- 具体化 → 5 秒で敗北
- 抽象化 → 瞬殺される

5 秒という具体的な時間は「**一瞬**」という意味合いを持つものになります。それゆえ敗北の意味も加えて少し抽象度を上げると「**瞬殺**」と置き換えることもできるのです。

> この「瞬殺」というワードでも意味は伝わりますし、一瞬でやられてしまうその様子がエンタメとして成立する形となります。

ただ、**本来長い時間を要するものである、という認識が持たれているのに対しては、具体的に短い秒数としての数字を提示した方がインパクトは強くなる**と考えます（※もしくは対象が極めて強いものなど）。

ご紹介しているこの切り口は主に議員と市長の対立が激しい、とある市の議会中継の切り抜き動画の中で多く使われています。長時間のやりとりが予想される中で、**勧善懲悪の論破が一瞬で達成されるスカッと要素**が、視聴者の強い興味を惹きつける結果になったと考えます。

現実のやり取りは実際に 5 秒ではないため、これはいわゆる**一種の誇張表現**。やりすぎない範囲であれば有効だとも考えます。しかし、仮に 5 秒とするなら冒頭のダイジェストでその敗北模様を 5 秒以内で表示すれば、しっかり中身で成立させていると言うことも可能だと思います。

229

切り口
▶ 076

〈三大〇〇〉

【BAROQUE（バロック）】
ゆっくり鬱ゲー解説【歪んだ妄想】

鬱ゲー愛好会
チャンネル登録者数 12.3万人　184本の動画

https://www.youtube.com/watch?v=8zXeqlUreLE

65万回再生

再現性　★★★★　　難易度　★★　　応用性　★★★★★

これまでは数字でしっかり訴求するという話をしてきましたが、今回の「三大〇〇」はどちらかと言えばワード訴求が強い側面があります。「三大」というワードを聞いて連想するのは、そのジャンルの中で最高峰の三つを取り上げたものと考えるのが一般的だと思います。

- 日本三大祭
- 日本三大夜景
- 世界三大珍味

などなど、昔からよく使われる馴染みのある表現でもあります。さらに言えば「これくらいは知っておかないとね」という、常識の範囲であるという認識も持たれる傾向のある表現だとも考えます。

つまり、**知っておいて損はないそのジャンルの最高峰三つを知れるという価値を「三大」というたった二文字で表現できるということです。** すでにお伝えした「奇数法則」という意味でもまとまっています。

ただ、「TOP3」や「3選」の言い換えの側面もある程度あるため、それらと比較して大きな違いを生み出せるほどの強い切り口ではないでしょう。他の切り口にも言えますが、このように近い意味でも多くの表現を学ぶことは、視聴者の「既視感」を消すために必要です。

> 既視感とは、正確に言えばまだ見ていないのに見たことがあると錯覚するデジャブのことを指しますが、ここでは**「前に見たことがある感覚を消すため」**という意味で使います。

他の動画と表現が被りすぎると、この既視感を視聴者が感じてスルーされる可能性もあるため、言い換え表現もうまく活用してみてください。

12

共通認識の活用

「共通認識」とは、ここでは「みんなが知っているもの」や「みんなが好きなもの」をいう意味合いで使います。
　誰もが知っている、好きな人は当然知っている、みたいな認識をうまく活用するカテゴリーです。

　自分だけがわかる、身内ノリのような企画や表現ではなく、みんなが知っているものを、みんながわかる形で提供するテクニックをいくつかご紹介していきます。

拡散率
約**6.9**倍

切り口

▶ **077**

〈完全再現〉

【ブルーロック】実戦で使える！
サッカー漫画のフェイント＆テクニック５選!!

REGATE ドリブル塾

チャンネル登録者数 45.7万人　1215本の動画

https://www.youtube.com/watch?v=I-bYx0YQq_M

315万回再生

再現性　★　　難易度　★★★★★　　応用性　★★★

> 第2部 | 100万回再生狙える企画&切り口100選

「みんなが知っているもの」や「みんなが好きなもの」を再現することで、高い需要を取り込むのがこの「完全再現」。

- 有名な謎やトリックを完全再現
- 知名度のあるお菓子や食べ物を完全再現
- 漫画やアニメの技やテクニックを完全再現

などなど、共通認識として知っている人が多ければ多いほど、完全再現した内容の動画に興味を持ってくれる確率が高くなります。

- 金田一少年や名探偵コナンの犯人のトリックを完全再現
- コカ・コーラやケンタッキーフライドチキンの味を完全再現
- サッカーやバスケ漫画などの超絶テクニックを完全再現

このように、**オリジナルの料理やテクニックなどを訴求するより、すでに知名度のあるものを高い技術力で再現する**ことで、その共通認識の対象が好きな人にとってはエンタメとして面白さを演出できます。

> 制作難易度としては★5。高い技術と再現力を求められるため、動画のクオリティとして求められる基準値は高いと考えられます。

しかし、その高い技術力をより多くの人に知ってもらうことが可能です。そこから多くのファンも獲得できる可能性が高いです。

例えばアニメのキャラの髪型を再現することで、その高いヘアセットの技術力を証明し、集客へと繋げるなど、エンタメの領域だけではなく、ビジネスへの発展も期待できる切り口となります。

拡散率
約 **3** 倍

切り口
• **078**

〈共通認識の掛け算〉

【第1講】短縮形①（wanna, gotta, gonna, tryna）ホロライブENで学ぶ英語の音声変化【リスニング勉強】

ホロライブENで学ぶ英語の音声変化【リスニング勉強】
チャンネル登録者数 9.25万人　13本の動画

https://www.youtube.com/watch?v=pDCwX5Xz2Mc&t=3s

28万回再生

再現性 ★★★　　難易度 ★★★★　　応用性 ★★★

これは共通認識があるものを掛け合わせる、というものです。

ご紹介している事例では英語のリスニングについて学ぶ動画となっていますが、そもそも英語学習のニーズは以前から高いです。

経済大国としての衰退がよく囁かれる現代の日本においては、今後さらに英語の重要性は高くなるかもしれません。

しかし、勉強というのは苦痛を伴うと考えている方も多いでしょう。そんな中で、みんなが好きなものや知っているもの、つまり共通認識の力をうまく使うことで**「付加価値」**を向上させます。

人気のキャラクターやホロライブVtuberなどの推しから学ぶとなれば、勉強の楽しさが向上して好きな人にとっては価値が高まります。

ターゲットの好きなものを掛け合わせることで、元からある需要をさらに一段階上に引き上げることができる、ということです。

もちろんこれは学習においての話だけではなく、エンタメの企画として様々な分野で応用することも可能です。

- アニメや漫画に出てくる有名な暗号を解いてみる
- ドラマや映画に出てくる有名な設定を検証してみた

などなど、自分たちだけがわかる、自分たちだけが面白い、と思うような企画ではなく、みんなが知っているものや好きなものの力を掛け合わせて興味の入り口を作り出す工夫をすること。

これができると、中身の面白さが担保された時には大きなバズに繋がるケースも多いです。**共通認識の対象を知っている人が多ければ多いほど、拡散力として届けられる範囲が爆発的に広がります。**

拡散率 約 5 倍

切り口
079

〈わかる人にはわかるセリフ〉

【総集編】NASAが３００光年先に見つけた、ほぼ地球みたいな星。全まとめ【ゆっくり解説】

ゆっくり宇宙教室
チャンネル登録者数 19.5万人　244本の動画

https://www.youtube.com/watch?v=D1j-krny0JQ

97万回再生

再現性 ★★★★　難易度 ★★★★★　応用性 ★★★

これは共通認識を使った切り口の中でも応用力が試されるテクニックの一つです。

　「わかる人にだけわかるセリフ」とは、有名なセリフやスラングをうまく活用して、スタンダードな切り口とは少し違う表現で訴求するタイプのものです。

　事例でご紹介したサムネイルにあるセリフ、「あいつワシより地球じゃねー？」は漫画『HUNTER×HUNTER』（冨樫義博、集英社）に出てくるキャラのセリフをもじったものです。

　このように、知っている人には強く刺さる面白さを演出できるのがこの切り口の最大の特徴となります。

　効果的な使い方として、扱う企画の題材が他と被ってしまったり、似たような企画になりそうな時などに、違う表現で視聴者に新鮮さを与えることも可能です。

　ただし、応用力が試される切り口でもありますので、扱う際にはそれなりのセンスが求められるテクニックだとも言えるでしょう。

〈セリフ事例〉
「なんの成果も!! 得られませんでした!!」（『進撃の巨人』より）
「〇〇ってるヤツいる？いねえよなぁ!?」
　　　　　　　　　　　　　　　（『東京卍リベンジャーズ』より）

　などなど、漫画やアニメにかかわらず、界隈で俗語になっているスラングなど数をあげればキリがないですし、その扱い方も様々です。

　認知と反応の度合いはある程度トレンドにも左右されるとも思います。

　どのセリフを、どのタイミングで、どの企画に使うか？　これらを考えた上で少し難易度の高い切り口になりますが、実験的に一つぐらい試してみるのも面白いかもしれません。

拡散率
約 **18.8倍**

切り口
▶ **080**

〈 身 近 な 設 定 〉

たったこれだけで痴漢とは一生無縁

リッキー護身術
チャンネル登録者数 13.4万人　911本の動画

---

https://www.youtube.com/shorts/vbuOPPcw_P0

354万回再生

再現性 ★★★　　難易度 ★★★　　応用性 ★★★★

身近な設定をうまく活用するテクニックは他のカテゴリーの中で少し触れましたが、改めて「自分ごと」の話であると視聴者に認識してもらう工夫は重要です。

> 「自分ごと」とは何か？　改めてお伝えすると**「自分に関係のある話」**と認識してもらうこと。自分の関わるものであるからこそ、見ておいて損はないと感じること。

　これをターゲットの身近な設定に置き換えて、日々生活している中で起こりそうなシチュエーションや特定の悩みに対して刺さるような表現へと切り口を工夫していきます。
　例えば、格闘技の技術に対する企画があったとします。

> - **正しい正拳突きの方法 → 少しマニアックな話になりがち**
>   これをターゲットの生活環境の中での設定に置き換えます。
> - **【誰でもできる】不良を一発で撃退できる最強の正拳突き**
>   こうすることで、自分ごとの一部としての興味を強く訴求できます。

　もちろんマニアックな内容でも中身が面白ければバズに繋がることは多いですが、視聴者の身近な設定をイメージした上で訴求すると、興味を持ってもらえる層の幅が大きく広がります。
　つまり、相手の利益、ベネフィットを裏テーマとして用意しておくイメージです。不良に絡まれても心配ない、痴漢に襲われた時の対策になる、など普段の生活においても役に立つ可能性などを匂わせることで、見るべき価値をより感じてもらいやすくするということです。
　マニアックな内容でも視聴者の身近な設定に置き換えることで、バズが生まれるケースは多いので、新たな発見をしてみてください。

241

13

自己肯定感の喚起

「自己肯定感」とは、自分の在り方やありのままの自分を評価する感覚や感情のことです。

　自らの存在意義を肯定することで、幸福度が高い状態を維持できるとも言えますし、逆に自己肯定感が低いと必要以上に他人と比べて劣等感を感じやすいなど、自らを不幸と考えやすくなります。

　このカテゴリーは視聴者の自己肯定感を上げることで、価値のあるコンテンツだと思ってもらう演出をまとめていきます。

拡散率
約5.7倍

切り口
▶ 081

〈ズボラ〉

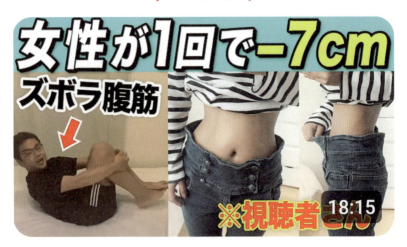

【お腹痩せるストレッチ筋トレ方法】ウエスト細くする方法！反り腰解消ズボラ腹筋トレーニング＆ストレッチ方法【下腹部＆腰肉＆浮き輪肉＆くびれ】

ズボラストレッチ
チャンネル登録者数 145万人　818本の動画

https://www.youtube.com/watch?v=VbtfMAJ0YN0&t=2s

825万回再生

| 再現性 ★★★ | 難易度 ★★★★ | 応用性 ★★ |

244

> 第2部 | 100万回再生狙える企画&切り口100選

　ダイエット、筋トレ、勉強など、努力を伴う挑戦は基本的にしんどい作業の連続だったりしますよね。やらなきゃならないことはわかっていても、ついダラけてしまったり、諦めてしまうことも多いと思います。
　そんな人たちへ向けて効果的なのが「ズボラ」というワード。

「ズボラ」とは行動や態度に締まりがない様子や、
怠慢やだらしないなどの意味合いを含む言葉です。

　基本的にネガティブな側面を持つワードですが、**「ズボラでも大丈夫！」「ズボラでもできる！」**となれば、だらしがない自分でもできるかもしれない、という自己肯定感を上げながらターゲットを広げる役割を作ることができます。
　今まで厳しい努力を強いられて諦めてしまった人を肯定してあげる切り口を用意することで、最初のハードルを下げる効果も期待できます。

　実際にはそれなりの努力を伴うものであっても、**入り口のハードルを下げたり、ターゲットに寄り添う工夫を施したりすることで**、より多くの人に興味を持ってもらうことが可能だということ。

　事実、ご紹介した事例では「ズボラ」というワードをチャンネル名、つまりチャンネルのコンセプトにしっかり設定することで、100万人を超える視聴者に支持されるほどの強いチャンネルになっています。

ワンポイントアドバイス
ターゲットの悩みに寄り添って、それを肯定することで生まれるパワーもあります。入り口のハードルを下げる工夫を意識してみましょう！

切り口
○082

〈あなたの〇〇は？〉

この苗字のあなたは上級国民かもしれない！
苗字でわかるあなたの先祖の身分!!
安倍家・麻生家は「五摂家」より格下だった!?

ガクの本棚
チャンネル登録者数 15.8万人　224本の動画

https://www.youtube.com/watch?v=pBAL9q_GIGg

243万回再生

再現性 ★★★★　　難易度 ★★★　　応用性 ★★★

これは前項でお伝えした**「身近な設定」**と**「自己肯定感UP」**をうまく組み合わせた切り口だと思います。

事例でご紹介している企画は誰しもが持っている苗字についての話となっています。**自分ごととして捉えられる題材**にもなりますし、それが上級国民の証となれば気になってしまうのも無理はありません。

「自分の苗字はかつて身分の高いものだったのだろうか？」

そういう感情を呼び起こす上で、多くの人の興味を持つであろう、非常に上手な切り口とも言えます。興味を持つ対象が圧倒的に多いことも相まって、大きなバズを作り出しています。

このように**「人に誇れる側面が欲しい」**という**自己肯定感を刺激する切り口**はバズを作り出せるケースが多いです。

- これが解けた人は天才です
- これが見える人は0.1%の逸材
- これを持っている人は〇〇確定です

などなど、過去のカテゴリーでご紹介したチャレンジ要素を含む企画などとも相性が良いです。誰しも「君はすごい人なんだよ」と言ってほしい願望があると思いますが、現実社会では褒められてばかりではないはずです。怒られたり、自己否定をしてしまったり、気分が落ち込んだりすることも多いでしょう。しかし、動画としてそれを**間接的にでも満たしてあげるような企画**であれば、自己肯定感が上がるコンテンツとして、一つの価値を作り出すこともできるわけです。

そして、ご紹介している事例のポイントは**「あなた」**というキーワードで、見ているユーザーに直接伝えようとしている部分です。

しっかり「自分ごと」として捉えてもらうための工夫も施されているので、皆さんも自らの企画との相性を見ながら参考にしてください。

切り口

○ 083

〈日本人だけ（特別感）〉

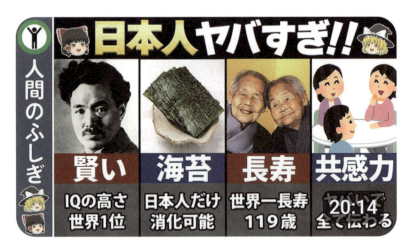

【ゆっくり解説】日本人の特殊能力6選

人間のふしぎ【ゆっくり解説】

チャンネル登録者数 9.45万人　124本の動画

https://www.youtube.com/watch?v=8aBW4xh4CCI

80万回再生

再現性 ★★★★　　難易度 ★★　　応用性 ★★★

汎用性が高く大きなジャンルまで発展するポテンシャルがある切り口が、日本人そのものの自己肯定感を上げる訴求の仕方。個人の自己肯定感よりもさらに広い捉え方であり、**日本人として優れている様子を前面に押し出す**ことで、自身の民族の素晴らしさを再発見できる面白さを演出できます。日本人は愛国心を強く主張する国民性でもないですし、自らが優れていると大っぴらに主張するのが苦手な側面もあると思います。

　しかし、**優れた存在でありたいと思うのは、潜在的に誰もが持っている心理**。それを自分で言うのではなく、誰かが言ってくれることによって安心感や優越感を感じることができるのです。

> 「嫌韓」や「嫌中」なども、一部相手を下げて自分を上げるような自己肯定感を感じやすいコンテンツとも言えます。

　昨今は世界から比べて日本の国力や経済力の低下が様々なメディアで取り上げられるようになりました。それにより**全体的に日本という国の弱体化を多くの人が感じやすくなっている時代**とも言えます。

　そんな中、改めて日本人の誇りや優れているポイントを表現するコンテンツは年々需要が増え、今では多くのジャンルに派生しながらいろいろなフォーマットで日本上げの動画が高い再生数を作り出しています。

> 傾向的にこの手の動画を好む方々は年齢層が高い特徴があります。長らく栄華が続いた昔の日本の姿をイメージしやすく、そして回顧的な需要を掘り起こしている可能性があると考えます。

　日本人の自己肯定感を上げる切り口は様々存在しますが、その派生した表現をいくつか取り上げるので、次から見ていきましょう。

拡散率 約231倍

切り口
●084

〈海外と日本の違い〉

日本人と結婚する前と後の違いが顕著すぎた【フランス人】

日本とロシアのトイレの違い。

jpとusの違い「地震の反応」

左: Bebechan - 日本のフランス人
https://www.youtube.com/shorts/qoGb_mr0RMg
484万回再生／拡散率：約7.3倍

中央: 🌹ディアナちゃんねる🌹
https://www.youtube.com/shorts/SMeRKGIw9cY
498万回再生／拡散率：約25.2倍

右: Tyler&Yuta🔴笑って学べる英会話 Aitem
https://www.youtube.com/shorts/nITp4GjBDog
1378万回再生／拡散率：約231倍

再現性 ★★★　難易度 ★★　応用性 ★★★★

250

第2部 100万回再生狙える企画&切り口100選

　海外の方が日本のことを称賛する話を聞くと、なんだか嬉しい気持ちになる。皆さんもそんな経験ありませんか？
「日本人は優しい」「日本の環境は素晴らしい」、そんな声を聞くと日本人として誇らしい気持ちになるのは当然ですよね。それをうまく表現することで、多くの人が幸せな気持ちになるコンテンツにするわけです。

- 日本人と結婚したら細かい気配りができるようになった
- 日本では当たり前の感覚も海外から比べたら最高すぎる環境

　などなど、海外の方から見える日本や日本人の印象が、**自国の良さを再発見できる自己肯定感の向上**にも繋がります。
　紹介させていただいている動画も、ついほっこりしてしまうような内容ですが、面白さのメインは**「文化の違い」によるエンタメです。**

〈メイン〉：文化の違いによるギャップが面白さを演出
〈サブ〉：日本の良さを再発見できるポイントも存在

　この場合は必ずしも日本の良さを肯定する内容にする必要はありませんが、日本向けに発信する動画であれば、日本人の自己肯定感を上げる方向に着地させた方が収まりは良くなるパターンが多いです。
　メインとしては**「文化の違い」を面白くエンタメ化する表現**に磨きをかけること。サブとして日本のすごさや日本人が持っている当たり前の概念を変えるなどの再発見できるポイントを含むようなイメージです。

> **ワンポイントアドバイス**
> 海外の方の声を集めることができれば、運営者が
> 日本人でも動画でコンテンツ化することは可能です！

拡散率
約 3.5 倍

切り口
▶ 085

〈日本の逆転〉

【世界が変わる！】これが人類最後の希望！
ドリーム燃料が変える未来！

哲理学作家さとうみつろう『神さまとのおしゃべり』チャンネル
チャンネル登録者数 44.3万人　323本の動画

https://www.youtube.com/watch?v=THSY6B3bmhA

157万回再生

再現性 ★★　　難易度 ★★　　応用性 ★★

弱者が強者へ成り上がるストーリーや勝てそうにない試合に大逆転して勝利する様子は「逆転劇」として強い関心や熱いドラマを生みます。

その中で、日本という国そのものが世界に向けて大逆転の勝利を収める話であれば、日本人であれば誰しも興味が湧く内容だと思います。

この場合、**多くの人に日本が不利だとイメージを持たれているものが望ましく、それをひっくり返す内容であれば理想的です。**

事例にもあるような「エネルギー資源」に関して、日本は弱いイメージを持たれています。石油のような資源は他国に依存していることが一般常識として認知されているからです。

> しかし、もし日本が一気に資源大国になる、
> そんな新情報があったらどうでしょうか？

まさに大逆転を連想させる、全国民が関心を寄せる内容になると思います。このような切り口は何も資源だけではなく、工業製品などの**日本を代表するものが、「国」そのもののイメージを代理で請け負うような表現で描かれる**ことがあります。例えば、

- **「トヨタが正しかった…」激怒のテスラが中国でEV生産停止！中国EVバブル崩壊で中国崩壊へのカウントダウン【総集編】**
  https://www.youtube.com/watch?v=pUUCg1cl3z4
  405万回再生／拡散率：約22.5倍

日本一の企業であるトヨタが国の象徴として捉えられ、世界におけるEV化の加速から大逆転する様子が大きな反響を作っています。このジャンルの中では鉄板ネタにまでなりましたが、逆転と自己肯定感UPをセットにしても強い切り口となるので、覚えておいてください。

14

複合カテゴリー

さて、本書もいよいよ終盤となりました。
　最後はあえてカテゴリー分類せずに、過去に少しだけ触れた切り口も深掘りしながら、様々な表現をご紹介していきます。

　サムネイルやタイトル、そして企画を表現する切り口は無数にあります。それをうまく組み合わせながら視聴者の興味を最大化させていくことが、再生数（PV）というリターンに繋がります。

　これはYouTubeに限らずあらゆる媒体で活用できますので、本書で解説している本質部分をしっかり理解できるようになってください。
　そうすることで、皆さん自身が新たな切り口に気付くこともできるようになります。

拡散率 約2.6倍

切り口
▶086

〈至高〉

料理研究家が本気で作る「至高の炒飯」
『Chinese-style fried rice』

料理研究家リュウジのバズレシピ

チャンネル登録者数 490万人　2123本の動画

https://www.youtube.com/watch?v=EmCPHumbMvo

1288万回再生

再現性 ★★★　難易度 ★★★★★　応用性 ★★★

ここでご紹介する「至高」という切り口はパワーワードとして存在していますが、今回お伝えしたい話はワードそのものの強さを覚えよう、というお話ではありません。

> 結論から言えば、切り口そのものに「自身のチャンネルのアイデンティティ」を持たせると強い、という話です。

事例として紹介させていただいている料理研究家のリュウジさんは、料理系YouTuberの中でトップクラスの実績をお持ちですし、有名人である彼だからこそ出せる数字もあると思います。

ただ、その中でも「至高」や「虚無」などの切り口を繰り返し使用しているので、彼のチャンネルならではの「アイデンティティ」を付与できているところが今回のポイントとなります。

企画の切り口に関しては、特定の表現を繰り返し使うことでそのチャンネルならではの特徴や独自性を認識してもらうことが可能です。

当然、動画としての面白さや中身のクオリティがしっかり伴っていることが大前提ですし、繰り返し同じような表現を使っても質の高い動画であることを証明し続ける「信頼」の積み重ねも重要です。

そういう意味では継続的に良質なコンテンツを提供し続ける必要があるため、今回の切り口は難易度を★5と高い設定にしています。

ただ強い表現を乱発すればいい、という考え方だけではなく、信頼の積み重ねで強くなる切り口もあるということを覚えておいてください。

> **ワンポイントアドバイス**
> 伸びた企画の切り口を何度も使ったり、シリーズ化して展開していくことも再生数を拡大していく手法としては有効です！

拡散率
約 **4.4** 倍

切り口
▶ **087**

〈絶対にありえない〉

**海外では絶対ありえない！
初来日の外国人観光客が日本の治安に絶句**

サムライフラッグ【SAMURAI CHANNEL】

チャンネル登録者31.2万人　438本の動画

https://www.youtube.com/watch?v=NOGnyzGV--E

136万回再生

再現性 ★★★　　難易度 ★★　　応用性 ★★★★

こちらはタイトルでストレートに感情に訴えかけるケース。**「絶対にありえない」**と聞くと「そこまでの話？」と思う人も入れば「いやいや大袈裟じゃない？」などなど、いろんな感情が生まれてくると思います。でも、つい見てしまう……そんな表現です。

ここでは「絶対にありえない」という言葉自体が強いというよりも、**サムネイルからタイトルへの流れを綺麗に繋げている点に注目してほしいです。**

> サムネイル：**信じられない光景** → 日本の治安は異常
>   ↓
> タイトル：**海外では絶対ありえない** → 日本の治安に絶句

これは以前お伝えしたサムネイルとタイトルの関係性についての考え方、**サムネイルで興味を作り、タイトルで補完する、**という流れをしっかり作っているところに学びのポイントがあります。

まず「日本の治安は異常」の部分ですが、どのように異常なのかは具体的にここで提示していない。おおよそ良い意味での使われ方と想像できますが、そうでないパターンもわずかに想像できるため**「確認したい」という興味が湧き出る可能性があります。**

そしてその異常さを「海外では絶対にありえない」という表現を使いタイトルで補完しています。日本だけの唯一無二の特異性をタイトルで提示することで、**サムネイルとタイトルの補完関係がうまくできています。ギリギリオチを見せない範囲でそれぞれ補完し合い、綺麗に一つにまとまるイメージ**です。そこに本質的な日本人の自己肯定感を上げる要素が組み合わさる形となるので、それらを総合して「視聴者の興味」へと繋がるわけです。このように単発のワードだけに囚われず、全体の流れをうまく表現する手法も覚えておきましょう。

切り口
▶ 088

〈こうなります〉

【大切】コーヒーを飲むと目や体が受ける影響

眼科医平松類

チャンネル登録者数 25.4万人　2564本の動画

https://www.youtube.com/watch?v=0d_hEPvE2xU

544万回再生

再現性　★★　　難易度　★★★★　　応用性　★★★

027 に〈○○した結果〉という切り口がありましたが、これはその派生の表現です。本質的な意味は一緒になります。
「こうなります」という訴求が「どうなるの？」という興味を引き出し、シンプルにその結論が気になる、という流れです。

> ちなみにこれは「オチを隠すタイプ」の切り口になります。

サムネイルとタイトルを見た時点では、その影響が体にとって良いものか悪いものかわからない。コーヒーを毎日飲む習慣がある人が多いからこそ「一体どっちなのだろう？」という**「確認欲」**が生まれます。

この切り口は扱う上で少し難易度は高めです。理由としては視聴者の感情を入り口の段階で統一できない点にあります。

- きっと良い効果があるに違いない！
- 多分体に悪影響があるんじゃない？

などなど、事前に感じる想像の範囲は人によって様々。その**バラバラの視聴者の期待値を動画の中身でしっかり回収し、見た人がそれぞれスッキリする着地も用意しておく必要があります。**

事例で紹介させていただいている動画は、医学の専門家としての権威性やそれに伴い内容がしっかりしているということもあり、視聴者の満足を十分に引き出した結果、特大バズへと繋がっています。

ある程度応用も効くので、違うジャンルでの事例も見ていきましょう。

MHP2G を 15 年遊ぶとこうなる

https://www.youtube.com/watch?v=eR9I6eY5wJY

がす

112 万回再生／拡散率：約 30.4 倍

人に育てられるとカエルはこうなります

https://www.youtube.com/watch?v=O-fMpmuwLu8&t=1s

ぴよのカエル ch

1130 万回再生／拡散率：約 27.9 倍

このようにオチを隠しながら結果にフォーカスする今回のような切り口は、その**結果そのものが「視聴者の満足」に足る内容であることが非常に重要**です。

　その期待値の回収さえしっかりできれば強い切り口とも言えます。

　長年の反復の繰り返しや鍛錬の結果、見たこともない意外性のある結果などなど、動画のクオリティとして求められる基準は高めですが、いろいろと応用も可能です。

　視聴者の期待する結果に答えられると思った時は、ぜひ活用してみてください。

拡散率
約 **5.1** 倍

切り口
● **089**

〈〇〇するだけで〉

【バンカーレッスン】実は簡単!? 爆発させない
バンカーショットはここを3センチ下げるだけで
必ず出せるようになる！

横田真一チャンネル
チャンネル登録者数 20万人　1608本の動画

https://www.youtube.com/watch?v=VOqLRSbY8No

101万回再生

再現性　★★★★　　難易度　★★★　　応用性　★★★★★

あらゆる場面で活用できる汎用的な切り口として**「〇〇するだけで」**というものがあります。YouTubeに限らず広告やSNSでの訴求含め、どこでも使える表現です。YouTubeやTikTokの動画では主にハウツー系や小ネタのテクニックなどを伝える場面で相性が良いと言えます。
　一つ気をつけたいところは、**必ず視聴者が期待するリターンも一緒に強く強調することです。**

- 3センチ下げるだけで → バンカーから絶対に出ます
- 毎日30分繰り返すだけで → 東大合格余裕です

　このように、たったのこれだけで大きなリターンがあるのだと、視聴者のベネフィットを強く訴求すると効果的です。
　そして、**最大限の効果を出すためにはターゲットの悩みを理解することが重要です。**これを理解していなければ成立しないと言っても過言ではありません。

- どうしても超えられない壁がある
- 選択肢が多すぎてどれを選べばいいかわからない

　などなど、**ターゲットとなる視聴者が何に悩んでいて、何に苦しみを感じているか。それを理解した上で解決方法を提示する。**
　その解決方法は「〇〇をするだけ」というシンプルなものであり、たったそれだけで悩みが解消されるというリターンを感じさせる。
「悩みの理解 → シンプルな解決法 → 悩みの解消」
　この一連の流れをしっかり繋げることで価値を感じてもらうことができます。自身で活用する時は**「悩みの理解 → シンプルな解決法 → 悩みの解消」**をしっかり意識しながら、企画を練ってみてください。

切り口

▶ 090

〈一撃で〉

一撃で英語が聞こえるようになる！魔法のワーク

Ichiro D' Agostino

チャンネル登録者数 36.3万人　132本の動画

https://www.youtube.com/watch?v=w0m6C5a8Eos

626万回再生

再現性 ★★　　難易度 ★★★★　　応用性 ★★★★

この**「一撃で」**という表現も089で紹介した**「〇〇するだけで」**と類似性のある切り口です。より短い言葉でインパクトのある形で伝えることが可能となります。

たった一撃で相手を倒す。それぐらい破壊力のある攻撃。このようなイメージを連想させるため、**一瞬のような短時間で特大のリターンがあると相手に感じさせる効果があります。**誰しも少ない時間で、少ない努力で、最大の恩恵を受けたいという願望があるはずです。

> ここでのポイントは**「本来時間をかけて得られるもの」**や**「複雑で難解なもの」**というイメージが強いものに対して、一撃で達成できるという表現を使うことです。

世の中には英語学習やダイエットなど、地道な努力を続けている方も多いと思いますが、同時に思うようにうまくいかないなど、結果に満足していない方もいると思います。

うまくいかない理由を「何か見落としているのではないか？」と考える人もいるでしょうし、「コツや裏技を知らないからダメなのか？」と考える人もいるかもしれません。その難しい挑戦において、一撃で達成できるとなれば、**自分の知らない「コツ」や「裏技」を連想させるような期待を作ることができます。**

> 実際に事例で紹介させていただいているタイトルの中でも**「魔法」**というワードが出てきます。魔法のような驚きの結果が得られるという意味で、一撃という表現と非常に相性が良いとも考えます。

この切り口も妥協なき中身の作り込みをしっかり意識しましょう。

拡散率
約**9.6**倍

切り口
091

〈実際のセリフを載せる〉

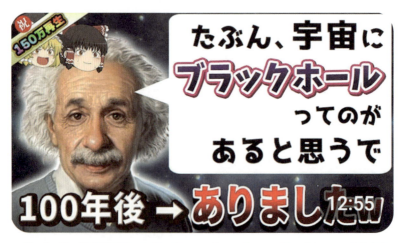

宇宙をも説明できるアインシュタインの予言がヤバすぎた【ゆっくり解説】

ゆっくり宇宙教室
チャンネル登録者数 19.5万人　244本の動画

https://www.youtube.com/watch?v=t5lwC4-zPDY

187万回再生

再現性 ★★★★　　難易度 ★★★★　　応用性 ★★★★

サムネイルの中に吹き出しでコメントが入っているスタイルを皆さんも見たことがあるかもしれませんが、この表現も使い方によっては効果的です。

実際のやり取りやセリフを漫画の吹き出しのように表現することで、リアルな表現や臨場感などを演出することが可能です（※吹き出しはあってもなくても構いません）。

様々な場面で応用可能ですし、使い方としては簡単なように見えますが、上手に扱うには実は少し難易度は高めです。

> ポイントは**どの場面を切り取るか？**です。セリフとして切り取る部分が弱ければ、面白い動画として視聴者の興味を引くことができないケースも多いです。

ご紹介している事例の中では、証明される100年前の偉人による予言が、よりインパクトの強い形で表現されています。このように**何かしらのインパクトをセリフの中に含ませる必要がある**ということです。

- 予想だにしない衝撃的な結論
- 熾烈なやり取りや生々しい表現
- ツッコミどころがある発言や暴論含む極論

などなど、視聴者が一瞬手を止めてしまうような展開を、セリフのインパクトによって演出することができれば成功と言えます。

その他にも、叫び声や沈黙、論破の一言など、表現方法としては多彩かつ応用できる幅も広いです。動画の中の**「どこを切り取ると一番強いか？」**ということを念頭に考えて活用する切り口となりますので、その意識を持って使ってください。

拡散率 約13.3倍

切り口
▶ 092

〈栄光からの転落〉

【10万でマンションが買える】バブル時代に繁栄。衰退した越後湯沢の苗場リゾートの現在とは…

のぶりん
チャンネル登録者数 6.86万人　80本の動画

https://www.youtube.com/watch?v=T1HyR_DIlso

91万回再生

再現性 ★★★　難易度 ★★★　応用性 ★★★★

©のぶりん

こちらはあらゆる面において非常に強い切り口です。**「栄光からの転落」**とは、かつて流行っていたものや称賛されていたものが、今では見る影もない、という流れを割とネガティブな表現で演出する切り口になります。視聴者の興味を引くポイントとして、主に**「ギャップ要素」**や**「不幸の喜び（シャーデンフロイデ）」**の掛け算が成立しています。

- 流行りに流行ったお店や地域
- 覇権を獲り続けていた作品や団体
- 話題になった人物や身分の高い対象

などなど、**栄華を極めたその対象が落ちぶれてしまった際に、強いエンタメとして成立してしまうという切り口です。**

ちなみにこの表現は以下のワードでシンプルに伝えることも可能です。

【この切り口を表現するパワーワード】
没落・凋落・転落・破滅・惨敗・衰退・滅亡・挫折・オワコン etc…

今回ご紹介している切り口は動画単品で使用することもできますが、チャンネルのコンセプトとして使用しているケースも結構あります。
それくらい**「ギャップ要素」と「不幸の喜び（シャーデンフロイデ）」の掛け算は強い力を生みます**。ただ、たまに行き過ぎた表現をする運営者も見かけるので、そこは十分に気をつけるようにしてください。

> **ワンポイントアドバイス**
>
> 動画において批判一辺倒の企画はリスクを孕みます。攻撃的な意味合いではなく、ご紹介させていただいた事例のように、客観的な視点から正確な情報を発信する意識を持った上で扱いましょう！

拡散率
約 7.6 倍

切り口
▶ 093

〈VS構造→疑問〉

【ゆっくり解説】もし日本とロシアが
ガチで戦うとどうなるのか？

ダークウエポンズ【ゆっくり解説】
チャンネル登録者数 17.7万人　674本の動画

https://www.youtube.com/watch?v=N2Mmm9dSGx8

135万回再生

再現性 ★★★★　難易度 ★★★★　応用性 ★★★

「VS構造」とは、そのままの意味で、それぞれの対立を表すものです。

そこに**「一体どっちが〇〇なのか？」という疑問を提示する**ことで、その分析やシミュレーションに面白さとしての価値が存在します。

つまり、答えが明確ではないものであったり、実現する可能性が低い「IF設定」としてのお題に対して相性がいいと考えます。

> そしてポイントの一つに**「賛否の分かれるものは伸びやすい」**という性質があります。これはYouTubeに限らず、X（旧Twitter）などのSNSでもそのような傾向が顕著にあります。

なぜ賛否が分かれると伸びやすいのか？ その理由の一つに**ユーザーの「反応率」**が挙げられます。単純に「VS構造」において「どっちが〇〇なのか？」という気になるポイントがそのまま興味に繋がり、反応率へと変わる部分もあるからです。

加えて、**賛否の形がコメントなどを含むユーザーアクションとしての反応をより多く呼び起こすことができるのです。**

それぞれ違う考え方や感想を持った人が自分の発言として、動画のコメント欄に積極的に書き込んだり、特定のコメントに対して肯定や否定を含む論争が延々と続いたりもします。

X（旧Twitter）などはそのまま引用リポストやリプでどんどん拡散されていきますが、**YouTubeの場合はAI判定でコメントなどのユーザーアクションが活発な動画は高い評価を受けやすく、それに伴いインプレッション（表示）の拡大にも繋がりやすくなります。**

賛否が分かれるお題というだけあって、発信する情報の分析や着地点には高いレベルの質が求められるため、難易度は高いと思います。

しかし、ある程度納得できる中身を作り込むことによって、拡散されやすい状態を作れるとも言えるので、挑戦する価値はあると思います。

切り口
▶ 094

〈発狂〉

【発狂】FX 大損 トレード集！
メシウマが止まらないｗｗ
FX芸人達の死闘を見届けろ!!

オカネノワダイ
チャンネル登録者数 1.52万人　301本の動画

https://www.youtube.com/watch?v=lXZkB324T2w

157万回再生

再現性　★★　　難易度　★★　　応用性　★★

「発狂」と聞くと何か怖いイメージがあるかもしれませんが、シンプルに言えば「リアクション」の面白さだと思ってください。

面白さを演出する上でリアクションは重要です。テレビに出ている芸人さんでもリアクション芸だけで上り詰めた方もいらっしゃるぐらいなので、エンタメとしての演出効果が高いということです。

> 皆さんもYouTubeやTikTokに出ている人が「発狂」「絶叫」している姿を見て思わず笑ってしまったことはありませんか？

現実社会で誰かが「発狂」している場面に出くわすと、面くらってしまうことも多いかもしれませんが、エンタメとして動画を見るなど事前に予想の範囲内で準備ができている状態であれば、**その過激なリアクションが面白さへと変わります**。今回はそのシーンをサムネイルやタイトルで前面に押し出して、興味を作る切り口とする手法です。

- 発狂するポイントに共感を感じて引き込まれる
- 発狂してしまうほど悲惨な現実に他人の不幸の喜びを感じる

などなど、お題や表現の仕方によって視聴者から引き出す感情のパターンは異なりますが、共通して「異常性」の演出が興味に繋がります。

有名人の崩れた姿が面白かったり、投資で失敗する様子が面白かったり、ゲームで負ける姿に共感しながらも笑ったり、それぞれのリアクションがいろんな形で面白さへと変わります。

再現性や応用性の幅としては低いですが、もし「発狂」「絶叫」するような場面が素材に含まれていて、それ以外に前面に押し出すほど強いポイントがない場合には使ってみてもいいかもしれません。

拡散率
約**18**倍

切り口
▶ **095**

〈昔の常識〉

江戸時代の酒と居酒屋について！
人気の銘酒とつまみは何だった？

江戸見聞録

チャンネル登録者数 8.38万人　40本の動画

https://www.youtube.com/watch?v=bZEWlBHsSMM

153万回再生

再現性 ★★★★　難易度 ★　応用性 ★★

これはシンプルに**昔の常識と今の常識の「ギャップ」が面白いエンタメ**として成立する切り口となります。

今では昭和時代の常識が**「絶対にありえない」**と非常識に感じるなど、人々の感性は時代と共に変わってきたと言えます。切り取る時代ごとにある程度強い数字が確認できるので、チャンネルコンセプトと合わせて企画の取捨選択を行うことになります。

- 戦前やバブル時代の常識はどうだったのか？
- 江戸時代のリアルな日常はどうだったのか？
- 中世ヨーロッパの現実や常識はどうだったのか？

などなど、それぞれの時代で衝撃の事実と感じるようなネタは多く存在します。逆に近い時間軸で考えた時は、あえて新しいＺ世代（1990年代半ばから2010年代序盤に生まれた世代）の常識や認識を「ギャップ」として面白く表現することも可能だと思います。

一つ注意点としては、昔からかなり使われている企画が多いため、獲得できる数字のボラティリティ（変動率）は高いです。**バズる企画もあれば全く伸びない企画もあったりします。**

今、積極的に取り扱うというよりは**「需要の掘り起こし」**ができるタイミングで思い出してみる程度でもいいかもしれません。

> **需要の掘り起こし**とは、昔から需要が高いコンテンツを見せ方のフォーマットが変わった段階で再度リサイクルして、少しだけ違った面白さを提供するということ。

例えば、ショート動画の流行りの初期参入で長尺とは違った見せ方で表現するなど、そのようなタイミングで検討する切り口かと思います。

拡散率
約 **6** 倍

切り口
▶ **096**

〈大きさ比較〉

怪物の大きさ比較　俯瞰視点ver

メタボールスタジオ

チャンネル登録者数 21.5万人　191本の動画

https://www.youtube.com/watch?v=ltpNobItfkE

148万回再生

再現性　★　　難易度　★★★★★　　応用性　★★

これは昔から需要のある切り口ですが、認知の高い対象の大きさの比較を視覚的にわかりやすく、そしてとてつもない大きさの違いに高いエンタメ性が存在する手法です。

主にレベルの高い海外のクリエイターの方々が作っているケースが多く、素材の用意や編集の見せ方の工夫なども考えると、かなり難易度が高い表現となります。

外注するにしても高いコストが予想されますし、何の技術もない人にとっては再現性の低いコンテンツですが、あえて取り上げているのは**「需要の根元」をしっかりストックしておくべき、という視点を持とう、**ということです。

- 宇宙にある惑星の大きさ比較
- キャラやモンスターの大きさ比較
- 金額などの数値やシェア率などの比較

これらを低い順から高い順に、どんどん見せていく流れそのものに高い需要があると考えた場合。見せ方やフォーマットを変えても成立するのか？どうやったら少ない工数とコストで近い表現を実現できるか？など、**あらゆる手段を考える柔軟な思考力を持つとチャンスは広がります。**

現状の自分では無理でも、これから出会うパートナーによっては表現の幅が広がる可能性もありますし、進化が目覚ましいAIの発展によって不足している技術力をカバーできる可能性が出てくるかもしれません。その時に**「需要の根元」**がどこにあるか、その事例をストックとして覚えておくことで、成功確率の高いコンテンツを生み出せる可能性がグッと高まります。**いかに多くの事例をストックし、参考にすることができるかという点が成功への近道**だということを覚えておきましょう。

切り口
▶ 097

〈各国の違い〉

車で煽られている時　各国反応の違い6選

だいじろー Daijiro

チャンネル登録者数 71.9万人　998本の動画

https://www.youtube.com/watch?v=xWLsqzGHnak

97万回再生

再現性 ★★★　難易度 ★★　応用性 ★★★

この切り口は比較表現とも言えますが、文化の違いを含めてギャップを様々なパターンで演出することが可能です。

084にて**「海外と日本の違い」**という切り口を紹介していますが、一国だけではなく、**より多くの比較対象を加えながら網羅的にその違いを楽しむことができるコンテンツを目指します。**

- ガンダムやエヴァなどの機体を各国のイメージで作る
- 特定の場面にて各国のリアクションの違いを表現する

などなど、国ごとの違いをそのイメージに合わせて表現することで、ギャップを楽しんでもらうことに価値を置きます。仮に「もしも各国の〇〇が〇〇だったら」という企画を考案した時に、以前までは実在しない「IF設定」のものなどは素材を用意することが難しかったでしょう。

しかし、**今はAIなどでイメージを出力することが可能となり、想像上の企画をより表現しやすくなったとも言えます。** まだAIが出力する素材に物珍しさを感じてもらえるフェーズであれば、その企画力で大きなバズを作り出すことも可能だと考えます。この他にも、

- 〇〇を見た時の海外の反応
- 〇〇を食べた時の海外の反応

などなど、日本の対象物に対する外国人のリアクションも昔からかなり需要が高いです。ただ、今回の切り口は海外の直接的な反応を集めるというよりは、**各国のイメージの違いを自ら具現化するスタイルでも一定の需要は生み出せるという話です。**

「どんなお題に対して各国の違いを具現化すると面白いか？」を考えることが運営者の腕の見せどころとも言えるでしょう。

切り口
▶ 098

〈変態（異常な愛）〉

【踏切はゼロ】国鉄が作ったどう考えても
高規格すぎる高速路線の凄さをご紹介

TK・Railway─鉄道チャンネル

チャンネル登録者数 4.99万人　153本の動画

https://www.youtube.com/watch?v=mzieGBtX50Q

28万回再生

再現性 ★★★　　難易度 ★★　　応用性 ★★★★

「変態」というワードを取り上げると、それこそ変なイメージを持たれそうですが、ここでは**「異常な愛」を「変態」という言葉で表現する**という話です。特定のものや技術に対して、異常なほどのこだわりや複雑怪奇なものを作り出してしまう特異性をここではあえて「愛」と定義しているのです。

- 狂ったほどに精密かつ緻密に作られたもの
- こだわりが強すぎて常人には理解できないもの

このようなものを表現する時に、異常な愛という意味を込めて「変態」というワードでインパクトを強めます。一般的にもそのような使われ方をすることもありますが、若干変化球的な表現でもあるため、意味が伝わりにくい側面も持っています。

> チャンネル内の動画の路線がマニアックな話が多めのコンセプトの場合は、割と相性が良い切り口かもしれません。

短い言葉で視聴者の感情を揺さぶり、そのインパクトを作れるワードは重要です。いわゆる「パワーワード」と言われるものです。

しかし、そのパワーワードをただ暗記して使えばいい、という考えではいつまでたっても本当のバズを作ることはできないでしょう。

サムネイルとタイトルの補完関係を意識しつつ、言葉が持つ力の本質を理解しながら、様々な組み合わせで視聴者の感情を揺さぶる流れを作り出す。この流れを組んではじめて**「見る価値がある」**と視聴者に認識してもらえるわけです。パワーワードのインパクトはその一部をキッカケとして演出するに過ぎない、ということも覚えておいてください。

切り口
▶ 099

〈〇〇の歴史〉

【ゆっくり解説】銃の進化の歴史
-火薬の発明から最新拳銃まで完全解説-

ダークウエポンズ【ゆっくり解説】
チャンネル登録者数 17.7万人　674本の動画

https://www.youtube.com/watch?v=FL0wgmWbPzA

79万回再生

再現性 ★★★★　難易度 ★★★★　応用性 ★★★★

第2部　100万回再生狙える企画＆切り口100選

　昨今ではYouTubeショートやTikTokを含め、短尺動画の勢いもすごいですが、長尺動画でこそ求められるスタイルもあります。特に「網羅性」を意識した動画は長尺との相性が良く、今回の「○○の歴史」も主に網羅性を主軸とした切り口となります。解説系のジャンルで使われることが多く、その範囲内での応用性はかなり高いです。

　近い表現で言うと、059の〈たった1動画でわかる〉という切り口の本質を一部含むものになります。過去に遡り、その始まりから現在に至るまでの全て。そのお題についての深い理解が「歴史」という表現にて、視聴者にわかりやすい価値として訴求できます。

　順を追って進化の過程なども把握できるため、その流れを綺麗に繋げることができれば、高い視聴維持率を作ることも可能だと考えます。

> 　難点としては「視聴限度回数」が少ないこと。視聴限度回数とは造語ではありますが、ユーザーが同じような企画の動画をどれくらい視聴するか、その限度回数を表した言葉です。

　例えばレビュー動画などは人によって意見が異なるため、興味が強い人はいろんなチャンネルの似たレビュー動画を渡り歩きます。ゆえに視聴限度回数が割と高い、という形になります。

　一方で、歴史を全てまとめた網羅的な動画は、一度それを視聴した後にもう一度似たような動画を見ようとはなりにくいです。ソース元もほとんど同じになるケースが多いので、既存の動画を超える面白さや何かしら切り口や、表現を変えたりする必要もあるかもしれません。

ワンポイントアドバイス
すでに同じような企画がある場合は、既存の動画の不足部分を自身の動画で補いながら、最新版などの付加価値をつけて訴求すると良いです！

285

拡散率
約 **6** 倍

切り口
▸ **100**
─────
〈成功者の〇〇〉

【成功者の思考】全てを手にする人が捨てている事解説【本要約まとめ/作業用/フェルミ】

フェルミ漫画アーカイブ「切り抜き」
チャンネル登録者数 9.85万人　198本の動画

https://www.youtube.com/watch?v=KZ374A0dxZ0

59万回再生

再現性 ★★★　　難易度 ★★★　　応用性 ★★

お金持ちになりたい。仕事を辞めたい。好きなことだけしていたい。皆さんもこんな夢を持ったことはありませんか？　成功者にさえなれれば、自分の夢が叶うはず。誰もが一度は思ったことがあるでしょう。

人は欲望を追求し続ける生き物であるゆえ、昔から**「成功者の情報」は常に高い需要があります**。そして、この切り口の企画のパターンとしては大きく分けて2つあります。

- 成功者の情報を有益情報として発信するパターン
- 成功者に関わる雑学をエンタメとして発信するパターン

同じ成功者を扱う企画であっても、その本質は少し異なります。

有益情報として発信する場合、多くの人はキュレーション（情報をまとめて付加価値をつけること）をして、成功者から学べる有益な情報を様々な切り口で工夫して表現していきます。一方で成功者の雑学をエンタメとして提供するコンテンツも需要が高いです。例えば、

- 成功者が身につけている時計は何？
- 成功者はどんな車に乗っている？
- 成功者の自宅はどんな豪邸？

などなど、**有益情報ではなくても面白い雑学として伸びている企画も多いのです**。伸び率にバラツキはありますが、自身のチャンネルと相性の良い企画を練ることを検討してみるものアリだと思います。

さて、ここで切り口の紹介は100個に到達しましたが、最後のあとがきにもYouTubeで成功するための大事な話をさせていただきます。さらに**本書を読んでいただいた方への特典**もありますので、必ずチェックしてください。

おわりに

　この度は『「YouTubeでバズる企画100選」のポイントを1冊にまとめてみた』を最後まで読んでいただき、本当にありがとうございました。

　それなりに物量も多かったと思うので若干パンク気味になっている方もいらっしゃるかもしれません。
　一度に全て覚えようとしなくても大丈夫ですので、少しずつ読み返しながら実践にて役立てていただくことを心より願っております。

　本書を手にとっていただいた方の中には、すでにYouTubeにチャレンジしている方もいらっしゃると思います。
　継続的にしっかり結果を残している方もいれば、なかなか結果が出ずに悩まれている方もいるでしょう。
　ひと昔前のブログを書くなどの作業とは違い、動画を作るという作業はそれなりに重く、しんどい時間が長く続くこともあるかと思います。
　しかし、皆さんに一つ覚えておいてほしいことは「一定のしんどさがあるからこそ良い」という考え方もあるということです。
　もし仮に、YouTubeで動画というコンテンツを作るという作業が誰にでも簡単にできて、勉強しない人でも楽に作れるようなものだったらどうでしょうか？
　たしかに「誰でも簡単で楽勝！」と言われればちょっと魅力的に感じますよね？
　でも少し考えれば、それはあなただけが簡単でラクにできるわけではなく、他の人にとってもカンタンなものだということなのです。
　そんな誰にでもカンタンにできるものが市場に溢れた場合、あなただ

● おわりに

けが勝てるような優位性は一瞬で消失する、ということです。

　昔の YouTube では誰でも簡単に稼げる、みたいなところも一部ありました。スライドスクロールと言って、ただテキストを貼り付けて上から下に流すだけ。それだけで数十万〜数百万円稼げた時代もあったそうです。

　しかし、昔とは違ってそういう情報がすぐに出回る昨今では、そのような誰にでもできる簡単な手法は数多の参入者によって一瞬で飽和してしまいます。

　そもそも、視聴者にとって価値の低い、オリジナリティのない量産化されたそういう動画は YouTube 側から収益停止のペナルティを受けることも多いです。事実、昔のスライドスクロールなどの手法は漏れなく全滅しました。

　しかし、「楽して稼ぐ ／ わずかな努力で一発逆転したい」という欲望の呪縛から抜け出せない方も多いです。

　逆に言えばそういう人がまだ大勢いるからこそ、本書をここまで読んでいただいている勉強熱心なあなたには、本物のチャンスを掴める可能性があるということです。

　本書においても、最も重要なのは視聴者の感情を理解する本質的な部分です。切り口の表現やパワーワードはそのための手段でしかありません。その理解に関しても最後まで読み進めていただいた皆さんなら、もう大丈夫だと思っています。

　「一定のしんどさがあるからこそ良い」とお伝えした理由も、一発逆転思考を捨てきれない人がいるからこそ、ちゃんと地道な努力と勉強をした人にだけ得られるリターンがあるという話です。

　皆さんが今後何かにチャレンジする上で、苦しいな、しんどいな、大

変だな、と思った時。そこが重要なターニングポイントだと思い出してください。
　なぜなら、あなたがしんどいことは、他の人にとっても苦しいことである可能性が高いからです。ここで脱落する人と乗り越える人に分岐するわけで、どちらの側に回るか？　重要な分岐点だとポジティブに考えると良いです。

　そして、その苦しいことを乗り越え続けると、以前しんどかったことも成長を重ねるにつれ、徐々に簡単にできるようになっていきます。
　この段階になると「あなたにとって簡単なこと」は「他の人にとって難しいこと」に変わります。そうなればもう勝ちです。

　いかにこの段階に辿り着くまで継続し続けるか。成功するためには本当にここが重要だと考えます。
　一人でもしっかり継続できるという方は問題ありませんが、人によっては一緒に切磋琢磨したり、情報交換をしたりする仲間や環境も必要かもしれません。

　現在、私はYouTubeスクールを運営しており、一年に数回しか募集しない中でも300名ほどの受講生の方がすでにいらっしゃいます。
　その中には一人で黙々とやっていたが、一緒に頑張る仲間がいるからこそ継続してやれた、そうおっしゃる方も多いです。
　全くの未経験から始めて半年以内に200万円以上の収益を上げる方もいれば、YouTube初挑戦にもかかわらず参加してから約1年で銀盾（登録者10万人突破）を獲得された方もいます。

　その他にもYouTubeの収益が毎月1,000万円を超えるとんでもない猛者の方や、参加した当初はチャンネル登録者3万人だったのが、一年

▶ おわりに

ほどで10万人を軽く突破された方もいます。

　現在、私のYouTubeスクールに関しては一定の質を担保するため、参加人数を絞らせていただいている現状ではあります。

　しかしもし、YouTubeでより高みを目指したい、一緒に頑張る仲間と自分の夢を叶えたい、という方がいらっしゃいましたら、以下のLINEを登録して再募集のご連絡をお待ちいただければ幸いです。

- ヤコ【切り口100選】書籍用LINE
  https://lin.ee/HkXvLDO

※特典配布もこちらの公式LINEで受け取り可能です。

まだまだYouTubeには夢があります。
今からでは遅い……と思っていては一生何もできません。
あなたの人生にとって、動き出したタイミングが最適なのです。

　今あるスモールビジネスの中で、最もリスクが少なくリターンが高いのがYouTubeです。ビジネスにおいてローリスクハイリターンの環境はそうそうあるわけではありません。

　数年後、あの時本気になってやっておけば良かった……と、後悔しないためにも、今の自分の全力を未来への投資として繋げていきましょう。

〈購入者限定特典〉

購入者限定特典をお配りしております。

- 行動経済学から導く心理効果21選
- 明日から使えるパワーワード100選

どれも今後 YouTube を伸ばすために必須の情報が詰まっています。
本書の解説部分と合わせて活用すると、効果絶大の追加情報を詰め込んでありますので、ぜひご活用ください。
こちらは購入者限定で無料でお配りしているものなので、必ず受け取りのお忘れがないようにお願いします。

【受け取り方法】

❶ 以下の LINE に友だち登録してください。
〈ヤコ【切り口 100 選】書籍用 LINE〉
https://lin.ee/HkXvLD0

❷ LINE 上で以下の数字をコメントで入力して送信。
4591

❸ 送信後に特典配布ページが共有されます。

何か不備などがありましたら、お手数ですが以下のメールアドレスまでお問い合わせください。

ricohzltd@gmail.com

〈最後に〉

　本書を作成する上でご協力いただいた YouTube チャンネル運営者の皆様。
　本当にありがとうございました。
　皆様の努力の結晶をお借りさせていただいたからこそ、長期にわたる執筆の中で傑作とも言える本書を完成させることができたと思っております。
　ご紹介させていただいた事例のチャンネルや動画は全て素晴らしく、長年の血を吐くような努力が垣間見える、本当に質の高いコンテンツばかりでした。
　私自身も多くのことを学ばせていただいたと思っております。
　ご掲載のご協力、本当にありがとうございました。
　そして、本書を作る上で私の YouTube スクール「HYBRID YouTube Project」の中の「スーパー CAMP」に参加していただいた受講生の方々にも大きなご協力をいただきました。
　このオンライン合宿では一年以上かけて 300 チャンネル以上を受講生自ら分析し、そして伸びている要因を言語化してプレゼンしていただきました。
　当然私もそのプレゼンにフィードバックや壁打ちという形で全力で向き合い、そこでの研究結果は本書の切り口事例のご紹介としていくつか取り上げさせていただいております。

　改めてこの場を借りて、ご協力いただいた皆様に感謝申し上げます。

2024 年 8 月　ヤコ

〈Special Thanks〉

ファンタジスタふじもと【家づくりお役立ちチャンネル】　https://www.youtube.com/@user-zz7sp9fs7d
資産形成アドバイザー 木村拓也　https://www.youtube.com/@user-cy4qo8wp8l
北條元治｜形成外科医・肌の再生医療の専門家　https://www.youtube.com/@cellbank-TV
SS manga diary- 慎本 真 -　https://www.youtube.com/@ssmangadiary
くらおちゃんねる　https://www.youtube.com/@kuraoch
トヨタモビリティ神奈川　https://www.youtube.com/@ToyotaMobilityKanagawa
肉屋が教える肉料理　https://www.youtube.com/@YASUsKITCHEN
撫子の歴史の時間　https://www.youtube.com/@nadeshikorekishi
ダークスコ【ゆっくり解説】　https://www.youtube.com/@darksuko
2chしあわせのなれそめ　naresome2ch
来島美幸の婚活チャンネル　https://www.youtube.com/@presia_01
YKげーみんぐ　https://www.youtube.com/@ykgaming2021
パチスロ攻略＿エイト　https://www.youtube.com/@musle8.pachislot
髭達磨　https://www.youtube.com/@higedaruma_
雑学王子ミツル - 役立つ雑学　https://www.youtube.com/@326-zatsugaku
るーいのゆっくり科学　https://www.youtube.com/@RuiScience
ゆっくりモータリング【クルマ系・ゆっくり解説】　https://www.youtube.com/@yukkuri-motoring
世界の七不思議 えむちゃんねる　https://www.youtube.com/@mchan.nanafushigi
ガルにゃんまとめ　https://www.youtube.com/@garunyan-matome/videos
極真空手世界王者 纐纈のYouTube道場　https://www.youtube.com/@kouketsu-dojo
ギター＆ウクレレちゃんねる　https://www.youtube.com/@MasahiroAjikawa
もじゃロック【岐阜の山で田舎暮らし】　https://www.youtube.com/@mojyarock
爆笑ネッコ50連発!!　https://www.youtube.com/@2ch_zoo
吾輩は猫ニートである。　https://www.youtube.com/@waganeco

ブックデザイン：菊池祐
本文DTP：有限会社エヴリ・シンク
イラスト：さち

本書内容に関するお問い合わせについて

このたびは翔泳社の書籍をお買い上げいただき、誠にありがとうございます。弊社では、読者の皆様からのお問い合わせに適切に対応させていただくため、以下のガイドラインへのご協力をお願い致しております。下記項目をお読みいただき、手順に従ってお問い合わせください。

●ご質問される前に

弊社Webサイトの「正誤表」をご参照ください。これまでに判明した正誤や追加情報を掲載しています。

正誤表　https://www.shoeisha.co.jp/book/errata/

●ご質問方法

弊社Webサイトの「書籍に関するお問い合わせ」をご利用ください。

書籍に関するお問い合わせ　https://www.shoeisha.co.jp/book/qa/

インターネットをご利用でない場合は、FAXまたは郵便にて、下記"翔泳社 愛読者サービスセンター"までお問い合わせください。
電話でのご質問は、お受けしておりません。

●回答について

回答は、ご質問いただいた手段によってご返事申し上げます。ご質問の内容によっては、回答に数日ないしはそれ以上の期間を要する場合があります。

●ご質問に際してのご注意

本書の対象を超えるもの、記述個所を特定されないもの、また読者固有の環境に起因するご質問等にはお答えできませんので、予めご了承ください。

●郵便物送付先およびFAX番号

送付先住所　〒160-0006　東京都新宿区舟町5
FAX番号　　03-5362-3818
宛先　　　　（株）翔泳社 愛読者サービスセンター

※本書に記載されたURL等は予告なく変更される場合があります。
※本書の出版にあたっては正確な記述につとめましたが、著者や出版社などのいずれも、本書の内容に対してなんらかの保証をするものではなく、内容やサンプルに基づくいかなる運用結果に関してもいっさいの責任を負いません。
※本書に掲載されているサンプルプログラムやスクリプト、および実行結果を記した画面イメージなどは、特定の設定に基づいた環境にて再現される一例です。
※本書に記載されている会社名、製品名はそれぞれ各社の商標および登録商標です。

〈著者プロフィール〉

ヤコ / YouTube探求者

2019年末にYouTubeとSNSを副業としてスタート。完全未経験から始めて3年目で副業の収益が1億円突破。4年目でサイドFIREを達成。
銀盾3枚を保有する現役YouTubeマーケターでありながら、300人が参加するYouTubeスクールを運営。
Xのフォロワーは約25,000人。
YouTubeチャンネル登録者は合計50万人以上。

「YouTube（ユーチューブ）でバズる企画100選」のポイントを1冊にまとめてみた

ミリオン連発のサムネイル&タイトルの悪魔的テクニック

2024年9月17日	初版第1刷発行
2024年10月30日	初版第2刷発行

著　　　者	ヤコ	
発　行　人	佐々木 幹夫	
発　行　所	株式会社翔泳社（https://www.shoeisha.co.jp）	
印刷・製本	株式会社シナノ	

本書は著作権法上の保護を受けています。本書の一部または全部について（ソフトウェアおよびプログラムを含む）、株式会社 翔泳社から文書による許諾を得ずに、いかなる方法においても無断で複写、複製することは禁じられています。
本書へのお問い合わせについては、295ページに記載の内容をお読みください。
造本には細心の注意を払っておりますが、万一、乱丁（ページの順序違い）や落丁（ページの抜け）がございましたら、お取り替えいたします。03-5362-3745までご連絡ください。

©2024 Yako
ISBN978-4-7981-8126-4　　　　　　　　　　　　　　　　Printed in Japan